KB172843

유비쿼터스
행복론

Ubiquitous

유비쿼터스 행복론

Happiness

이정완 지음

이 책과 함께 독자분들께서 유비쿼터스 행복의 진정한 의미를 발견하고, 우리의 삶의 질을 향상시키고, 유비쿼터스 행복을 지속적으로 추구하기 위해서 저자와 함께 행복한 동행을 시작함으로써 더 나은 세상을 향한 여정에 동참해 주시면 감사하겠습니다.

_프롤로그 중에서

좋은땅

프롤로그

세상은 빠른 속도로 발전하고 변화하고 있습니다. 기술의 발전으로 인간의 삶은 이전과는 비교할 수 없이 변화되었고, 디지털 시대의 도래로 우리는 인터넷과 모바일 기기에 둘러싸여 살게 되었습니다. 이로 인해 새로운 문화와 가치, 사회적 변화들이 일어나고 있지만, 이러한 변화가 항상 긍정적인 영향만을 가져온 것은 아닙니다. 때로는 이로 인해 우리는 고립되고, 혼란스러움을 느끼며 진정한 행복을 찾기 어려워지게도 합니다.

《유비쿼터스 행복론》은 과학적인 접근과 철학적인 사고를 결합하여 이와 같은 현대 사회의 도전과 변화에 직면한 우리에게 진정한 행복을 추구하고 이해하는 방법을 제시하고자 합니다. 저자는 이 책을 통해 디지털 시대의 도래로 인해 변화된 우리의 삶을 탐구하고, 유비쿼터스 행복을 찾기 위한 심리적, 사회적, 철학적인 요소들을 조명하고자 합니다. 그리고 우리가 더 나은 미래를 향해 나아가기 위해 어떻게 유비쿼터스 행복을 추구하고 실현할 수 있는지에 대해 구체적인 실천 전략을 제시하고자 합니다.

《유비쿼터스 행복론》은 이론적인 사색에 머물지 않고, 실생활에서 적용할 수 있는 다양한 실천 방법을 제시하고자 합니다. 저자는 우리가 현실적이고 실질적인 방법으로 유비쿼터스 행복을 추구할 수 있는 통찰을 제공하면서도, 삶의 깊은 의미를 저자 자신이 살아온 삶의 여정과 철학적인 사고를 결합하여 탐구하고자 합니다. 이 책은 우리가 일상에서 마주하는 디지털 스트레스와 유비쿼터스 사회에서의 갈등 속에서도 유비쿼터스 행복을 추구할 수 있는 현실적인 방법을 제시하고자 합니다. 저자는 이 책을 통해 유비쿼터스 행복을 추구할 수 있는 단순한 해답이나 정답을 제시하는 것이 아니라, 우리 자신의 내면과 조화를 이루며 진정한 행복을 찾아 나갈 수 있는 방법을 함께 고민하고 공유하고자 합니다.

《유비쿼터스 행복론》은 단지 개인의 행복을 추구하는 데 그치지 않습니다. 이 책은 우리가 속한 유비쿼터스 사회와 유비쿼터스 세계의 행복을 위해 세대 간의 다양성을 존중함으로써, 이를 통해 더 나은 세상을 만들기 위한 길잡이가 되고자 합니다. 이 책을 통해 독자는 디지털 시대의 변화에 적응하고, 그 안에서 독자 자신과 타인을 위한 유비쿼터스 행복을 발견할 수 있는 지혜를 얻을 수 있게 되시길 바랍니다.

끝으로, 이 책과 함께 독자분들께서 유비쿼터스 행복의 진정한 의미를 발견하고, 우리의 삶의 질을 향상시키고, 유비쿼터스 행복을 지속적으로 추구하기 위해서 저자와 함께 행복한 동행을 시작함으로써 더 나은 세상을 향한 여정에 동참해 주시면 감사하겠습니다.

‖ 목차 ‖

제3장. 유비쿼터스 행복 실천 전략

부록

제1장

우리가 추구하는 행복이란?

Ubiquitous Happiness

Why, "인간은 왜 행복을 추구해야 합니까?"

행복은 문화적, 사회적, 개인적 경계를 초월하는 보편적인 염원입니다. 그것은 다양한 긍정적인 감정과 삶의 만족을 포괄하는 웰빙과 만족의 상태입니다. 행복의 정의와 달성은 사람마다 다를 수 있지만, 제1절에서는 우리가 삶에서 적극적으로 행복을 추구해야 하는 강력한 이유들을 다음과 같이 정리해 보고자 합니다.

첫째, 인간은 자신의 삶에 의미와 목적을 부여하고자 합니다. 행복을 추구하는 것은 자신의 가치와 신념을 실현하기 위해 노력하는 것을 의미합니다. 의미 있는 일을 수행하고 다른 사람들을 돕고 세상을 더 나은 곳으로 만들기 위해 노력함으로써 우리는 보다 깊은 만족감과 행복을 느낄 수 있습니다.

둘째, 인간은 자기실현과 성취를 통해 행복을 이루고자 합니다. 우리는 우리 자신의 잠재력을 발견하고 발전시키는 과정에서 만족감과 성취감을 느낍니다. 목표를 설정하고 그것을 달성함으로써 우리는 자신에게 도전하고 성장할 수 있으며, 이는 우리의 행복과 만족을 증진시킬 수 있습니다.

셋째, 행복은 목적의식, 자존감, 성취감을 길러 긍정적인 마음가짐, 정신 건강과 정서적 웰빙을 촉진합니다. 궁극적으로 행복 추구는 더 높은 삶의 질 추구와 동의어입니다. 행복은 일시적인 감정이 아니라, 우리 일상의 경험에 의미, 목적, 성취감을 불어넣습니다. 행복을 추구함으로써 우리는 현재 순간에 대한 감사, 우리 삶의 단순한 즐거움을 음미하고, 평범함에서 아름다움을 찾고, 회복력과 우아함으로 도전을 헤쳐 나가는 방법을 배웁니다. 행복은 우리의 삶을 풍요롭게 하여 하루하루를 더욱 활기차고 기억에 남도록 만듭니다. 우리는 행복을 추구함으로써 진정한 자아를 발견할 수 있으며 만족스럽고 균형 잡힌 삶을 창조할 수 있습니다.

넷째, 행복은 개인의 성장과 회복력과 밀접하게 관련이 있습니다. 행복을 받아들일 때 우리는 새로운 경험, 배움의 기회, 개인적 발전에 더 개방적입니다. 행복은 사고방식을 긍정적으로 장려하여 실패를 학습 경험으로, 일시적인 장애물을 더 높은 수준의 발전을 위한 계기로 볼 수 있게 합니다. 그것은 역경에서 회복하고 목표를 향해 꾸준히 노력하고 인내할 수 있는 긍정의 힘을 우리에게 부여합니다.

다섯째, 행복은 촉매제 역할을 하여 자신의 잠재력을 발휘하고 목표를 달성할 수 있게 해 줍니다. 우리가 행복하다고 생각할 때 우리는 더 동기 부여되고 창의적이며 의미 있는 목표를 설정하고 달성하는 능력을 향상시킵니다. 행복한 사람은 긍정적인 사고방식을 갖고 도전에 적극적으로 대응하며 어려움을 극복해 낼 수 있는 가능성이 더 큽니다. 따라서 우리가 행복을 추구할 때 우리 삶의 다양한 영역에서 개인적인 성장, 생산성 및 성공을 촉진할 수 있습니다.

여섯째, 행복은 의미 있는 인간관계를 육성하고 건전한 사회적 연결을 구축하는 데 중추적인 역할을 합니다. 우리가 행복해할 때 우리는 긍정성을 발산하고 다른 사람들을 우리에게 끌어당깁니다. 행복한 사람은 공감적이고 이타적인 행동을 할 가능성이 더 높으며 더 건강하고 만족스러운 인간관계를 조성합니다. 또한 우리 자신의 행복을 키우면 다른 사람을 지원하고 고양할 수 있어 지역 사회와 사회 전체에 긍정적인 파급 효과를 일으킬 수 있습니다. 행복한 사람들은 친 사회적 행동에 적극적으로 참여하여 전반적인 사회적 웰빙과 커뮤니티의 행복에 기여할 가능성이 더 큽니다.

일곱째, 사회적 차원에서 행복이 우선시되면 집단적 행복감과 사회적 결속력이 촉진됩니다. 행복한 사회는 구성원 간의 신뢰, 공감, 협력이 특징입니다. 이러한 환경은 혁신, 창의성 및 진보 정신을 키웁니다.

또한 시민의 행복을 증진하기 위한 정책과 새로운 사업 구상은 경제 성장, 범죄율 감소 등 전반적인 사회 발전 향상으로 이어질 수 있습니다.

결론적으로, 행복은 우리의 삶과 우리 주변의 사회에 많은 영향을 미치고 있습니다. 행복은 우리 인간이 의미 있고 만족스러운 삶을 영위하기 위한 근본적인 본질입니다. 행복은 우리 자신의 삶에 의미와 목적을 부여하고, 자아실현, 목적의식, 자존감, 성취감을 고취시켜 주고, 개인의 성장과 회복력을 높여 주고, 의미 있는 인간관계를 육성하고 건전한 사회적 연결을 구축하는 데 중추적인 역할을 하고 있습니다. 또한, 우리가 행복을 추구함으로써 우리는 잠재력을 최대한 발휘하고 주변 세상에 긍정적인 영향을 미치며 개인적으로 보람 있고 사회적으로 유익한 삶을 살아갈 수 있습니다. 그러므로 우리는 행복을 우리 삶의 본질적인 부분으로 받아들이고, 행복을 우리 안에서 키우고 다른 사람들에게 전파하여 기쁨과 성취감이 넘치는 세상을 만들어 나가야 합니다. 이 책을 읽으시는 독자 분들께서는 작가와 함께 행복한 동행을 함으로써, 더 따뜻한 세상, 더 조화로운 세상, 더 행복한 세상으로 가는 길로 받아들입시다.

제2절

What, 행복이란 무엇입니까?

행복에 대한 정의는 문화적, 사회적, 개인적 요인의 영향을 받고 있으나, 외부의 조건이나 물질적인 요소보다는 개인의 내면적인 태도와 관련이 더 깊다고 볼 수 있습니다. 행복은 긍정적인 감정, 성취감, 삶의 목적의식을 특징으로 하는 감성적, 정서적 웰빙 상태로 이해될 수 있습니다. 그리고 자신의 현재의 환경과 인간관계에 대한 일반적인 만족감을 포함하고 있습니다. 이렇듯, 사람들의 생각과 가치관, 문화, 개인적인 경험 등에 따라 행복에 대한 정의는 다양할 수 있으나, 행복은 종종 다음과 같은 개념으로 설명됩니다.

첫째, 행복은 본질적으로 주관적이며 다양한 감정, 관점 및 욕구를 포함하기 때문에 사람마다 다를 수 있습니다. 한 개인에게 기쁨과 성취감을 가져다주는 것이 다른 사람에게는 공감되지 않을 수도 있습니다. 인간 경험과 문화적 배경의 다양성은 행복의 주관적 본질을 더욱 강조합니다. 물질적 소유나 성취에서 행복을 찾는 사람이 있는 반면, 영적 또는 지적 추구에서 행복을 얻는 사람도 있습니다. 결과적으로 각 사람의 행복 추구는 매우 개인적이고 독특하다는 것을 인식하는 것이 중요합니다.

둘째, 행복의 한 가지 중요한 측면은 자신의 삶을 개인적인 가치와 일치시키는 데 있습니다. 자신의 핵심 원칙과 신념에 따라 식별하고 생활하는 것은 진정성과 의미를 제공합니다. 우리는 활동에 참여하고 자신의 가치에 공감하는 관계를 구축할 때 깊은 성취감을 경험합니다. 또한 긍정적이고 상호 우호적인 인간관계는 행복을 키우는 데 중요한 역할을 합니다. 가족, 친구 또는 연인과의 인간관계는 정서적 안정, 소속감, 공유 경험의 기회를 제공하며, 이 모든 것이 개인의 행복에 기여합니다.

셋째, 진정한 행복의 중심에는 진정성과 자기 수용이 있습니다. 강점과 약점을 동시에 지닌 진정한 자아를 포용하면 깊은 만족감을 키울 수 있습니다. 사회는 종종 성공과 아름다움의 외적 기준을 지나치게 강조하여 개인이 자신을 비교하고 도달할 수 없는 이상을 위해 노력하게 만들기도 합니다. 그러나 진정한 행복은 자신의 고유한 자질을 포용하고, 자기 자존감을 키우고, 자기 자신의 한계를 인정하는 데에서 찾을 수 있습니다. 사람들이 자신을 있는 그대로 받아들일 때 지속적인 행복의 토대가 구축됩니다.

넷째, 개인의 경험을 인식하고 해석하는 방식은 우리의 행복에 지대한 영향을 미칩니다. 긍정적이든 부정적이든 우리의 마음가짐은 우리의 감정적 반응을 형성하고 우리의 전반적인 행복을 결정합니다. 긍정적인 마음가짐은 사람들이 판단이나 집착 없이 현재 순간의 아름다움을 포용하면서 완전히 현재에 있도록 격려합니다. 삶의 단순한 즐거움을 음미하고 지금 여기를 자각함으로써 우리는 깊은 행복감을 경험할 수 있습니다. 개인적인 성취를 축하하고, 자기 수용의 감각을 키우면 비교의 해로운 영향을 완화하고 진정한 행복을 위한 길을 닦을 수 있습니다.

다섯째, 행복의 필수 요소인 감사는 우리가 현재의 순간을 감사하게 생각하고 가장 단순한 즐거움에서도 기쁨을 찾을 수 있게 해 줍니다. 감사는 우리 삶의 크고 작은 긍정적인 측면을 인정하고 감사하며 풍요와 만족감을 키우는 것과 관련이 있습니다. 감사는 개인이 부족한 것에서 가진 것으로 관점을 전환하여 만족감과 풍요로움을 키울 수 있게 합니다. 감사를 실천할 때 우리는 우리에게 부족한 것에서 우리가 가진 것으로 초점을 옮겨 삶에 대한 긍정적인 시각을 키웁니다. 감사를 우리 일상에서 실천할 때 우리는 더 큰 행복감을 경험할 수 있습니다.

여섯째, 인간은 사회적 존재인 바 의미 있는 인간관계는 행복을 위해 매우 중요합니다. 가족, 친구 및 지역 사회와 상호 우호적이고 협조적인 건전한 관계를 구축하면 소속감, 사랑 및 경험 공유가 촉진됩니다. 친절한 행동에 참여하고 공감을 키우는 것은 또한 대인 관계를 강화하여 긍정의 힘과 행복의 파급 효과를 생성합니다.

일곱째, 삶의 다양한 측면에서 조화로운 균형을 이루는 것은 지속적인 행복에 기여합니다. 여기에는 신체적, 정신적, 정서적 웰빙을 육성하는 것이 포함됩니다. 규칙적인 운동, 적절한 영양 섭취, 적절한 휴식을 통해 신체 건강을 관리하면 활력과 긍정의 에너지가 생깁니다. 마찬가지로 스트레스를 관리하고, 자기 관리를 실천하고, 필요할 때 도움을 구함으로써 정신적, 정서적 웰빙을 추구하는 것이 전반적인 행복에 매우 중요합니다.

결론적으로, 진정한 행복은 개인의 성장, 진정성, 의미 있는 연결을 추구하는 데 있습니다. 감사를 받아들이고 삶의 목적을 찾음으로써 우리는 진정한 행복의 중심에 있는 심오한 기쁨과 성취감을 발견할 수 있습니다. 행복을 총체적이고 진화하는 경험으로 이해하면 우리는 그 과정에서 오는 기쁨과 도전을 모두 포용하면서도 성취를 향한 자신만의 길을 개척할 수 있습니다. 인생의 복잡함을 헤쳐 나갈 때 진정한 행복은 애매한 목적지를 찾는 데 있는 것이 아니라 현재 순간을 감사하고 현실에서 잘 사는 삶을 가꾸는 데 있음을 기억합시다. 개인의 행복을 추구하는 가운데 다른 사람의 행복도 존중해 주는 균형 잡힌 행복 추구, 이타적인 사랑이 가득한 자존감을 위해 우리 함께 노력합시다.

Who, 행복은 누구에게 옵니까?

어떤 사람에게는 가족과의 시간이 행복을 가져다주고, 또 다른 사람에게는 개인의 성취감과 성공이 행복을 주는 것일 수도 있습니다. 행복은 상대적인 개념이며, 각각의 개인에게 그 의미와 방식은 다를 수 있습니다. 그러므로 행복은 개인의 관점과 가치관에 따라 달라질 수 있습니다. 따라서 행복은 누구에게 올까요? 이 질문에는 단일한 대답이 없을 것입니다. 그러나 행복을 위한 중요한 요소들은 종종 다음과 같은 공통적인 특징을 가지고 있습니다.

첫째, 행복은 내면에서 비롯됩니다. 그러므로 자기 자신에게 행복이 온다고 말할 수 있습니다. 자기 자신을 이해하고 사랑하며, 자신의 목표와 가치를 실현하는 것은 매우 중요합니다. 자기 자신에게 행복이 올 때, 자신감과 만족감이 함께 오는 경우가 많습니다. 이를 위해서는 자기 자신과의 깊은 대화와 내적 조화를 추구하는 시간이 필요합니다. 자신의 열정과 흥미를 따르고, 자기 자신을 받아들이며 자신의 장점과 한계를 인정하는 것이 중요합니다.

둘째, 개인의 삶의 균형을 추구하는 사람에게 행복이 옵니다. 삶의 균형을 찾는 것은 지속적인 행복을 위해 필수적입니다. 개인 목표, 경력 성공 및 재정적 안정을 위해 노력하는 것은 중요하지만 삶의 다른 측면을 소홀히 해서는 안 됩니다. 인간관계, 건강 및 자기 관리를 소홀히 하면 전반적인 행복을 방해할 수 있습니다. 만족스러운 삶을 영위하려면 일, 인간관계, 개인적 성장, 여가 시간 간의 균형을 이루는 것이 중요합니다. 마지막으로, 자연과의 조화는 행복을 찾는 데에 있어서 중요한 역할을 합니다. 자연은 우리의 일상에서 떨어져 있을 때 더 많은 행복을 제공합니다. 자연의 아름다움과 조용한 평화는 우리의 내면을 진정시키고 평형을 찾게 해 줍니다.

셋째, 사랑하는 사람들과 함께하는 시간을 보내는 것은 많은 사람들에게 행복을 선사합니다. 관계의 질, 연결의 깊이, 사랑하는 사람으로부터 받는 지원은 우리의 행복에 지대한 영향을 미칩니다. 가족, 친구, 파트너 등과의 깊은 관계는 우리에게 지지와 안정감을 주는 동시에, 더 큰 의미를 부여하고 더 큰 삶의 만족감을 제공합니다. 사랑은 서로를 이해하고 존중하는 것에서 출발하며, 서로를 돕고 지지해 주는 관계에서 깊어집니다. 행복은 우리가 가족, 친구 및 지역 사회와 형성하는 친밀한 유대감에서 찾을 수 있습니다. 의미 있는 관계를 육성하고 소속감을 고취함으로써 각계각층의 개인이 진정한 행복을 경험할 수 있습니다.

넷째, 사회적으로 더 큰 목표를 위해 기여하는 것은 많은 사람들에게 행복을 가져다줄 수 있습니다. 친절한 행동, 자원 봉사, 다른 사람의 복지에 기여하는 것은 엄청난 기쁨과 차원 높은 목적의식을 가져올 수 있습니다. 다른 사람들을 돕고 지원하는 일은 자신의 역량과 시간을 활용하여 사회적으로 가치 있는 기여를 하는 것입니다. 사회의 일원으로서 다른 사람들과 협조하고 협력하는 과정에서 우리는 보람과 성취감을 느끼게 됩니다. 다른 사람에게 봉사함으로써 우리는 인류의 상호 연결성을 경험하고 개인의 욕망을 초월하는 더 깊고 차원 높은 행복을 발견할 수 있습니다.

이상에서 살펴본 바와 같이 행복은 내적 행복, 외적 요소, 의미 있는 연결, 목적의식 등 다양한 경로를 통해 찾을 수 있습니다. 행복은 의미 있는 관계, 연결 및 소속감 안에서 번성합니다. 또한 목적과 성취감은 열정을 추구하고 지역 사회에 기여하며 긍정적인 영향을 미치는 데서 비롯됩니다. 이렇듯, 행복은 개인의 관점과 가치관에 따라 다를 수 있습니다. 그러나 인간관계의 중요성, 자아실현과 성장, 긍정적인 마음가짐과 감사의 태도, 그리고 내면적인 조화와 만족은 행복을 얻는 데에 공통적인 요소입니다. 따라서 우리는 주변 사람들과의 관계를 중요시하면서 성장하며, 긍정적인 마음가짐과 감사의 태도를 가지며, 내적인 조화를 추구하는 것이 중요합니다. 행복은 우리가 삶을 즐길 수 있는 태도와 선택의 결과입니다.

결론적으로, 각 개인의 행복 추구는 고유하며 개인적인 가치, 신념 및 인생 경험에 의해 영향을 받고 있습니다. 그러나 행복은 어떤 것이든 간에 우리가 삶을 즐기고 의미를 찾을 수 있는 능력을 발휘하는 데에 달려 있습니다. 그러므로 행복은 목적지가 아니라 시간이 지남에 따라 진화하는 지속적인 과정임을 인식하는 것이 중요합니다. 궁극적으로 누구에게 행복이 오는지는 매우 개인적이고 주관적인 경험이기 때문에 사람마다 다릅니다. 우리는 개인의 관점의 다양성을 이해하고 존중함으로써 보다 포용적이고 공감하는 사회를 조성하고 서로가 행복에 이르는 고유한 길을 찾도록 서로를 격려할 필요가 있습니다.

Where, 행복은 어떤 곳에 있습니까?

수많은 철학자, 사상가, 시인이 행복의 본질을 탐구하고 그 신비를 풀려고 노력하고 있습니다. 그러나 행복은 어디에 있습니까? 그것은 외부 환경에서 발견됩니까, 아니면 우리 내면에서 발견됩니까? 제4절에서는 진정한 행복의 본질과 행복에 이르는 여정을 다각적인 차원에서 논의하고자 합니다.

첫째, 행복을 외부 환경에서 찾을 수 없다면 어디서 찾아야 할까요? 답은 우리 자신 안에 있습니다. 행복은 우리의 생각, 태도, 지각에 깊이 뿌리박고 있는 내면의 여정입니다. 행복은 자기 인식, 개인적 성장 및 다른 사람들과의 의미 있는 연결을 통해 양육됩니다. 긍정적인 마음가짐은 행복을 경험하는 데 중요한 역할을 합니다. 긍정적이고 감사하는 마음가짐을 채택함으로써 우리는 인생관을 바꿀 수 있습니다. 감사는 우리가 현재의 순간을 감사하고 가장 단순한 것에서 기쁨을 찾을 수 있게 해 줍니다. 그것은 우리의 초점을 우리에게 부족한 것에서 우리가 가진 것으로 옮겨 만족감과 풍요로움을 키웁니다. 마찬가지로, 긍정적인 마음가짐은 회복력과 희망을 가지고 삶의 도전에 대처하는 데 도움이 됩니다.

둘째, 자기 발견과 개인적 성장의 여정을 시작할 때 행복이 번성합니다. 우리의 열정과 가치에 부합하는 활동에 참여하고, 의미 있는 목표를 설정하고, 새로운 경험을 수용하면 시야가 넓어지고 성취감이 더 커집니다. 개인의 성장을 추구함으로써 우리는 고유한 잠재력을 활용하여 깊은 만족감과 우리 삶의 목적을 발견할 수 있습니다.

그러므로 행복은 종종 삶의 목적과 의미와 연결되어 있습니다. 우리의 가치, 재능 및 열정과 일치하는 활동에 참여하면 깊은 성취감과 진정한 행복을 얻을 수 있습니다. 개인적이든 직업적이든 우리의 노력에서 목적을 찾을 때 우리는 성취감과 즐거움을 넘어서는 더 높은 차원의 행복을 경험할 수 있습니다.

셋째, 인간관계는 우리의 행복에 중요한 영향을 미칩니다. 가족, 친구, 이웃 및 지역 사회의 구성원들과 진정한 유대감 형성, 사랑은 우리 자신의 행복에 중요한 원천이 될 수 있습니다. 다른 사람과 교류하고, 경험을 공유하고, 의미 있는 관계를 구축하는 것은 우리의 삶의 질의 향상에 필수적인 요소이기도 합니다. 이와 같이 신뢰, 사랑, 이해를 기반으로 하는 진정한 인간관계는 우리의 행복의 원천입니다. 다른 사람과의 진정한 유대감 형성은 우리의 삶을 풍요롭게 하고 목적의식을 제공하면서, 동반자 관계 및 경험 공유의 기회를 제공하고 있습니다.

넷째, 역설적이게도 진정한 행복은 이타심과 타인에 대한 봉사에서도 찾을 수 있습니다. 친절한 행동, 자원 봉사, 다른 사람의 복지에 기여하는 것은 엄청난 기쁨과 심오한 목적의식을 가져올 수 있습니다. 사랑을 우리 자신 너머로 확장함으로써 우리는 세상에 긍정적인 영향을 미치고 개인의 삶을 넘어서는 사회적 연결을 구축할 수 있습니다. 다른 사람에게 봉사함으로써 우리는 인류의 상호 연결성을 경험하고 개인의 행복을 초월하는 더 깊고 차원 높은 행복을 발견할 수 있습니다.

다섯째, 행복은 우리의 가치관과 신념에 따라 생활하는 것과 밀접한 관련이 있습니다. 우리에게 진정으로 중요한 것이 무엇인지 우선순위를 정하고, 우리의 원칙에 부합하는 선택을 하고, 충실한 삶을 영위할 때, 우리는 성취감과 내면의 평화를 경험합니다. 자신에게 진실하고 정직하게 사는 것은 우리 존재의 핵심에서 나오는 행복감을 키웁니다. 그러므로 우리가 각자의 가치관과 신념에 따라 충실한 삶을 살아갈 때 우리는 진정한 만족과 지속적인 행복감을 얻게 될 것입니다.

여섯째, 우리가 끊임없이 과거에 집착하거나 미래를 초조하게 예상할 때 행복은 우리에게서 멀어집니다. 행복의 힘은 지금 이 순간을 받아들이는 데 있습니다. 긍정적인 마음 가짐을 실천하고 우리의 경험을 완전히 수용함으로써 우리는 현재에 존재하는 다양한 기쁨을 인식하고 지속적인 행복감을 키울 수 있습니다.

결론적으로, 우리는 행복을 찾는 과정에서 우리가 도달해야 할 외부 목적지가 아니라 우리 자신의 존재의 내적 상태임을 알게 되었습니다. 행복은 물질적 소유, 성공 또는 사회적 승인에 국한되지 않습니다. 대신 진정한 행복은 우리의 생각, 감정, 관계, 목적 및 마음가짐에 뿌리를 둔 내부에서 발산됩니다. 또한 진정한 행복은 만족, 평화, 현재 순간에 대한 깊은 감사의 절정이기도 합니다. 그러므로 긍정적인 마음가짐을 기르고, 의미 있는 관계를 조성하고, 자기 발견과 개인적 성장의 여정을 시작함으로써 우리는 우리 안에 깃든 행복의 원천을 열 수 있습니다. 궁극적으로 우리는 현재의 순간을 받아들이고, 내면을 가꾸고, 우리의 가치와 열정에 맞춰 살아갈 때 행복을 찾을 수 있습니다.

How, 어떻게 살아야 행복해집니까?

행복의 개념은 사람마다 다를 수 있지만, 그것은 우리 모두를 묶는 본질적인 욕망입니다. 제5절에서 우리는 행복의 다면적 특성을 탐구하고 만족스럽고 즐거운 존재로 우리를 인도할 수 있는 길을 논의하고자 합니다.

첫째, 행복을 여는 근본적인 열쇠 중 하나는 긍정적인 마음가짐을 기르는 데 있습니다. 긍정적인 마음가짐, 현재의 경험을 온전히 수용하고 자각하는 마음 수련은 행복으로 가는 관문을 제공합니다. 긍정적인 마음가짐, 현재에 감사, 회복력을 배양하면 긍정의 힘과 내면의 힘으로 우리가 인생의 도전을 헤쳐 나갈 수 있습니다. 우리 삶의 긍정적인 면에 초점을 맞추고 우리가 가진 것에 대한 감사의 마음을 키움으로써 우리는 행복을 위한 지속적인 토대를 마련할 수 있습니다. 속도를 늦추고, 단순한 즐거움을 음미하고, 온전한 주의를 기울여 활동에 참여함으로써 우리는 우리 자신 및 주변 세계와 더 깊은 관계를 발전시킬 수 있으며 더 큰 만족감 및 더 큰 행복감을 키울 수 있습니다.

둘째, 개인적인 성장을 추구하고 성취감을 주는 활동을 추구하는 것은 행복한 삶에 필수적입니다. 목적의식은 우리에게 방향을 제시하고 내면의 동기를 부여합니다. 우리의 가치와 관심사에 부합하는 활동에 참여하면 개인적 성장과 성취감을 경험할 수 있습니다. 의미 있는 목표를 설정하고 열정과 결단력을 가지고 그것을 추구하는 것은 우리의 자존감을 높일 뿐만 아니라 목적의식과 성취감을 가져다주어 우리의 전반적인 행복에 기여합니다. 개인적인 성장은 목적의식을 제공할 뿐만 아니라 자존감과 자신감을 향상시켜 행복을 증가시킵니다. 그러므로 개인의 가치와 열정에 부합하는 목표를 설정하고 이를 위해 적극적으로 노력하십시오.

셋째, 감사함을 기르는 것은 행복을 찾는 데 강력한 도구입니다. 크고 작은 축복을 인정하고 감사하는 시간을 갖는 것은 세상에 대한 우리의 인식을 재구성할 수 있습니다. 감사 일기를 쓰거나, 다른 사람에게 감사를 표현하거나, 단순히 삶의 긍정적인 면을 되돌아보는 것은 감사하는 마음가짐을 기르는 데 도움이 될 수 있습니다. 우리에게 부족한 것보다 가진 것에 집중함으로써 우리는 존재의 긍정적인 측면으로 관심을 돌리고 행복을 증가시킬 수 있습니다. 우리의 현재 삶의 작은 기쁨과 축복에 감사하는 시간을 가지십시오.

넷째, 인간은 본질적으로 사회적 존재이며 관계의 질은 우리의 행복에 지대한 영향을 미칩니다. 가족, 친구, 더 넓은 지역 사회와 의미 있는 연결을 구축하고 육성하는 데 시간과 노력을 투자하면 엄청난 기쁨과 행복을 얻을 수 있습니다. 또한 가족, 친구 및 더 넓은 지역 사회와의 긍정적인 관계를 육성하는 것은 개인의 전반적인 삶의 질의 향상에 크게 기여할 수 있습니다. 의미 있는 대화에 참여하고, 공감을 실천하고, 선행을 제공하는 것은 이러한 연결을 촉진하는 데 중요합니다. 우리 안에 있는 최고의 모습을 이끌어 내고 개인의 성장을 촉진하는 사람들과 함께 있으면 더 차원 높은 행복감을 느낄 수 있습니다.

다섯째, 역설적이게도 행복을 경험하는 가장 효과적인 방법 중 하나는 행복을 다른 사람에게 주는 것입니다. 크고 작은 친절한 행동에 참여하면 긍정적이고 만족스러운 파급 효과를 만들 수 있습니다. 우리의 시간, 자원 또는 경청하는 귀를 제공함으로써 우리는 다른 사람의 행복에 기여할 뿐만 아니라 우리 안에 깊은 성취감과 목적을 생성합니다. 더 큰 것에 기여하십시오. 개인적인 성취를 넘어 우리 주변 세상에 긍정적인 영향을 미치는 데서 행복을 찾을 수 있기 때문입니다. 친절한 행동, 자원 봉사 또는 지역 사회 활동 참여는 목적의식과 다른 사람과의 연결을 키울 수 있습니다. 우리 자신보다 더 큰 대의에 기여할 때 우리는 더 깊은 의미와 성취감을 경험하고 우리의 행복을 더 크게 할 수 있습니다.

여섯째, 건강한 몸과 마음은 행복을 위한 기본 요소입니다. 행복을 추구할 때 신체적, 정신적 웰빙 사이의 상호 연관성을 과소평가할 수 없습니다. 규칙적인 운동, 균형 잡힌 식단 유지, 충분한 회복 수면은 신체 건강을 유지하는 데 필수적입니다. 동시에 명상, 자기 성찰과 같은 수련을 통해 정신 건강을 우선시하고 필요할 때 도움을 구하면 삶의 목적을 탐색하는 데 필요한 회복력과 정서적 안정을 갖추게 됩니다. 또한 스트레스를 관리하고, 자기 관리를 실천하고, 필요할 때 전문가의 도움을 구함으로써 정신 건강을 관리하면 행복에 도움이 되는 조화로운 상태를 촉진할 수 있습니다.

결론적으로, 우리가 긍정적인 마음가짐을 받아들이고, 의미 있는 관계를 조성하고, 개인의 성장을 추구하고, 감사를 연습하고, 친절한 행동을 하고, 더 큰 것에 기여하고, 육체적·정신적 웰빙을 우선시함으로써 우리는 지속적인 행복을 향한 변화의 여정을 시작할 수 있습니다. 행복 추구는 개인의 경험과 관점에 따라 형성되는 평생의 여정입니다. 궁극적으로 행복은 발견되고 양육되기를 기다리는 것으로써 우리 안에 있습니다. 이러한 원칙을 받아들이고 일상생활에 통합하면 우리가 추구하는 행복에 더 가까워지고 더 의미 있고 즐거운 삶을 영위할 수 있습니다. 이러한 행복 추구를 노력하면서 행복은 목적지가 아니라 자기 발견과 자기실현의 지속적인 과정임을 기억합시다.

When, 행복은 언제 옵니까?

행복은 문화, 사회, 개인의 경계를 초월하여 보편적으로 추구하는 것입니다. 행복은 모든 개인이 공유하는 보편적인 욕구입니다. 그것은 기쁨, 만족 및 성취를 포함하는 존재의 상태입니다. 그러나 행복 추구는 애매하고 주관적일 수 있으므로, 종종 "언제 행복이 오는가?"라는 질문을 고민하게 만듭니다. 제6절에서는 행복의 다면적 특성을 탐구하고 그것이 우리 삶에 도달하는 데 기여하는 핵심 요소를 논의하고자 합니다.

첫째, 행복은 종종 자기 수용과 내적 만족에서 시작됩니다. 자신의 강점과 약점을 포용하고, 불완전함을 인정하고, 긍정적인 자아상을 키울 때 우리는 지속적인 행복의 토대를 마련합니다. 진정한 행복은 개인이 자신의 삶을 핵심 가치와 목적에 맞출 때 나타납니다. 개인이 진정한 자신과 공감하는 활동에 참여할 때 기쁨과 만족감을 느낄 수 있습니다. 행복은 열정을 추구하고 그 과정에서 형성되는 의미 있는 연결에 있습니다. 진정한 만족은 외부 상황이나 사회적 기대와 상관없이 우리 자신과 평화롭게 지내는 데서 옵니다. 행복은 자기 성찰, 자기 관리, 정서적 웰빙 등을 포함하는 내면의 여정입니다.

둘째, 개인의 성장과 성취를 적극적으로 추구할 때 행복이 싹트게 됩니다. 목표 설정, 도전 정신, 지속적으로 배우고 자기 계발하는 것은 개인의 성장 발전과 성취감에 기여합니다. 행복을 찾기 위해서는 목표를 설정하고, 그에 따른 노력과 시간을 투자해야 합니다. 우리가 원하는 바를 이루는 과정에서 오는 성취감은 행복을 더욱 깊이 느낄 수 있게 해 줄 것입니다. 또한, 우리의 열정, 가치 및 관심사와 일치하는 활동에 참여함으로써 우리는 목적을 찾고, 우리 자신의 재능을 표현하면서, 우리가 진정성 있고 의미 있는 삶을 살 때 행복은 옵니다.

셋째, 감사는 행복을 위한 강력한 촉매제입니다. 감사는 우리로 하여금 현재의 순간을 감사하게 하고 우리를 둘러싼 축복과 풍요를 인식하게 합니다. 긍정적인 면에 집중하고 우리가 가진 것에 감사함을 표현함으로써 감사하는 태도를 기르면, 우리 삶의 부족한 것에서 풍부한 것으로 초점을 옮길 수 있습니다. 크든 작든 그 축복을 인정하고 감사할 때, 우리는 우리 존재의 긍정적인 측면에 더 가까이 다가가고 조화를 이루게 됩니다. 감사는 끝없는 욕망의 추구에서 현재 순간에 대한 진정한 감사로 우리의 관심을 돌려 행복이 우리 삶에 들어올 수 있는 문을 열어 줍니다.

넷째, 역설적이게도 개인의 행복에 이르는 가장 확실한 길 중 하나는 사심 없이 다른 사람을 돕는 데 있습니다. 크든 작든 친절한 행동을 하면 행복감을 크게 높일 수 있습니다. 도움의 손길을 내밀고 지역 사회에 기여하거나 단순히 타인에 대한 공감을 실천함으로써 우리는 목적의식을 키우고 주변 세상에 긍정적인 영향을 미침으로써 행복을 키울 수 있습니다.

다섯째, 우호적인 인간관계와 사회적 유대감은 행복의 중요한 요소입니다. 신뢰, 공감, 사랑을 바탕으로 구축된 진정한 인간관계는 소속감을 만들고 정서적 웰빙을 촉진합니다. 우리가 가족, 친구 및 지역 사회와 형성하는 유대는 지원, 사랑 및 공유 경험을 제공합니다. 행복은 우리가 의미 있는 관계를 형성하고, 공감을 표현하고, 우리가 이러한 사회적 연결을 키울 때 번성합니다. 우리의 삶을 다른 사람들과 공유하고, 그들의 성공을 축하하고, 도움의 손길을 제공하는 것은 상호 연결감을 키우고 우리의 전반적인 삶의 질을 향상시킵니다.

여섯째, 행복은 현재 순간에 있습니다. 종종 우리는 과거의 후회에 연연하거나 미래에 대해 걱정하며 지금 여기 존재하는 기쁨의 기회를 소홀히 하는 자신을 발견합니다. 현재의 순간을 경험하고 그 안에서 행복을 발견하는 것은 우리에게 주어진 소중한 기회입니다. 후회와 불안을 버리고 소소한 즐거움에 마음을 열고, 일상적인 일들에 감사하며,

주변 환경과 상호 작용하며, 현재를 살아가는 데 집중함으로써 우리는 행복을 더 쉽게 찾을 수 있습니다. 궁극적으로, 우리가 현재를 살아가며 주변의 아름다움을 발견하고, 작은 것들에 감사하며 즐기는 능력을 기를 수 있다면 행복은 언제나 우리 곁에 있을 것입니다.

결론적으로, "언제 행복이 오는가" 하는 문제는 복잡하고 다면적인 문제입니다. 행복은 도달해야 할 목적지가 아니라 내부에서 나오는 존재의 상태이기 때문입니다. 행복은 우리가 자기 수용을 받아들이고, 개인이 자신의 삶을 핵심 가치와 일치시키고, 감사하는 마음을 기르고, 의미 있는 관계를 구축하고, 개인적 성장을 추구하고, 개인의 행복 추구에서 균형을 잡을 때 도착합니다. 궁극적으로 행복을 향한 여정은 개인마다 다르지만 이러한 기본 원칙을 수용함으로써 우리는 행복이 우리 삶을 장식하고 그 심오하고 마법적인 효과를 경험할 가능성을 높일 수 있습니다. 행복은 우리 안에 있으며 외부 환경에 의존하지 않는다는 것을 인식할 때, 우리는 환경에 관계없이 행복을 키울 수 있습니다. 현재의 순간을 포용하고 진정한 자아와 일치하는 삶을 살아가면 우리 삶에 행복을 초대하고 지속적으로 행복한 동행을 시작할 수 있습니다. 그러니 먼 미래가 아닌 지금 현재에서 행복을 찾도록 노력합시다.

행복의 다양한 관점

행복은 우리 모두가 추구하는 가치 중 하나입니다. 그러나 행복의 정의는 사람마다 다를 수 있으며, 이는 각자의 경험과 가치관, 문화적 배경 등으로 인해 다양한 관점을 형성합니다. 따라서 각기 다른 시각에서 바라보는 행복의 개념을 이해함으로써, 우리 자신과 주변 사람들의 행복을 더욱 깊이 이해하고 실현해 나갈 수 있을 것입니다. 제7절에서는 행복의 다양한 관점에 대해 논의하고자 합니다.

첫째, 행복은 주관적인 개념이기 때문에 개인의 관점에 따라 다르게 해석될 수 있습니다. 한 사람에게는 재물과 성공이 행복을 의미할 수 있지만, 또 다른 사람에게는 가정적인 안정과 건강이 행복을 의미할 수도 있습니다. 예를 들어, 어떤 사람은 사회적 인정과 사회적 지위를 통해 행복을 느낄 수 있지만, 다른 사람은 가족과의 교류나 예술적 창조를 통해 행복을 느낄 수도 있습니다. 따라서 개인의 가치관과 욕망에 따라 행복의 정의는 크게 달라질 수 있습니다.

둘째, 개인적인 행복은 각 개인의 내면에서 비롯됩니다. 한 사람에게는 자유로운 시간이나 자아실현이 행복을 가져다줄 수 있고, 또 다른 사람에게는 건강한 가족 관계나 사랑받는 느낌이 행복을 주는 것일 수 있습니다. 이러한 다양한 개인적인 요소들은 개인의 가치관, 경험, 문화 등에 영향을 받아 다르게 정의됩니다. 행복은 결국 각 개인의 내면에서 찾아야 하는 것이며, 자신이 무엇을 원하고 필요로 하는지를 알아야 합니다. 또한, 행복은 내부적인 조화와 균형에서도 비롯됩니다. 내적인 조화는 명상, 예술, 운동, 취미 활동 등을 통해 얻을 수 있습니다. 우리가 자신과의 관계를 향상시키고 내면의 평화를 찾는다면, 외부적인 변화나 어려움에도 더 큰 저항력을 갖게 됩니다. 이를 통해 우리는 자신을 받아들이고 사랑할 수 있으며, 그 결과로 더 지속적이고 차원 높은 행복을 경험할 수 있습니다.

셋째, 문화적인 차이로 인해 행복의 정의는 다양하게 변할 수 있습니다. 각 문화는 고유한 가치관과 사회적 기준을 가지고 있으며, 이는 행복의 개념에도 영향을 미칩니다. 예를 들어, 서구 문화에서는 개인의 자유와 자기실현이 행복의 핵심이라고 강조되는 반면, 동양 문화에서는 가족과 사회적 관계의 조화가 행복의 중요한 요소로 간주됩니다. 이러한 문화적 차이로 인해 행복의 정의는 다양한 형태를 가질 수 있으며, 다른 문화에서는 서구 문화에서 강조되는 가치들이 강조되지 않을 수도 있습니다. 이러한 문화적 차이는 사람들의 가치관과 욕망에 큰 영향을 미치며, 행복의 정의에 다양성을 부여합니다.

넷째, 사회적인 관계와 상호 작용은 행복에 큰 영향을 미칩니다. 친구, 가족, 동료들과의 좋은 관계는 우리를 행복하게 만들어 줄 수 있습니다. 또한 사회적으로 공헌하는 행위나 다른 사람들을 돕는 일은 자기 만족감과 보람을 느끼게 해 줍니다. 사회적 연결성과 공동체 의식을 가지고 살면, 우리가 사회적으로 연결되고 소통할 수 있는 기회를 찾는 것과도 관련이 있습니다. 사회적인 행복은 우리가 사회적으로 연결되고 공헌하는 데서 나옵니다. 다른 사람들에게 도움을 주는 일, 자선 활동, 사회적 정의에 기여하는 것 등은 사회적인 행복의 일부입니다. 우리는 타인을 돕고 나눔을 실천함으로써 사회적으로 행복한 미래를 구현할 수 있습니다.

다섯째, 행복은 단기적인 기쁨과 장기적인 만족의 조화로 이루어진 것으로도 설명될 수 있습니다. 일시적인 즐거움은 우리에게 긍정적인 감정을 제공하지만, 오랜 시간 동안 지속되는 만족감이 없다면 진정한 행복은 어렵게 느껴질 것입니다. 행복은 일상적인 삶에서도 느낄 수 있는 작은 기쁨과 목표를 달성하는 성취감으로부터 비롯될 수 있습니다. 그러나 장기적인 만족감은 삶의 목표를 달성하거나 의미 있는 관계를 형성하는 등의 긍정적인 요소들에 의해 얻어지는 것입니다.

여섯째, 시간의 흐름에 따라 행복의 정의는 변화할 수도 있습니다. 우리는 삶의 다른 단계에서 다른 것들을 중요시할 수 있으며, 그에 따라 행복을 다르게 정의할 수 있습니다. 젊은이들은 경제적인 안정과 자아실현을 추구하는 경우가 많지만, 노년에 이르러서는 가족과 건강에 더욱 집중할 수 있습니다. 따라서, 개인의 삶의 단계와 상황에 따라서도 행복의 정의는 다양하게 변화할 수 있습니다.

결론적으로, 행복은 개인의 주관적인 경험과 가치관, 문화적 차이, 시간의 흐름 등에 따라 다양한 형태로 정의될 수 있습니다. 행복은 개인마다 다를 수 있지만, 중요한 것은 자신의 가치와 목표를 이해하고 그에 맞춰 행복을 추구하는 것입니다. 이러한 다양성을 이해하고 받아들이는 것은 우리 자신과 주변 사람들의 행복을 증진시키는 핵심입니다. 서로를 이해하고 존중하는 마음으로 행복의 다양성을 수용하며, 우리는 더욱 풍요로운 인생을 살아갈 수 있을 것입니다. 또한, 이러한 다양성을 이해하고 존중함으로써 우리는 서로의 행복을 지원하고 협력할 수 있는 아름다운 사회를 구축할 수 있을 것입니다.

나에게 행복이란? - 행복했던 순간들

독자 여러분,

지금부터 잠시 책 읽는 것을 멈추시고, 자신에게 개인적으로 중요한 행복 요소들은 무엇인지 생각해 보십시오.

그리고 지나간 시간 속에서 행복했던 순간, 행복했던 경험, 행복했던 일들을 메모해 보십시오.

____

____

그동안 독자분께서 소소한 일상에 항상 감사가 넘치는 행복한 삶을 살아오셨음에 진심으로 경의를 표합니다.

오늘 지금 이 순간부터는 더 큰 행복으로 더욱 풍요롭고 더욱 자존감 있는 멋진 인생을 살아가 주시길 축원합니다.

제2장

디지털 기술과 유비쿼터스 사회

유비쿼터스 시대의 개념과 특징

현대 사회는 과거에 비해 빠른 속도로 디지털 기술이 발전하고 있습니다. 이러한 발전은 우리의 일상생활과 사회 전반에 혁명적인 변화를 가져오고 있습니다. 이러한 변화의 핵심 개념 중 하나가 "유비쿼터스" 시대입니다. 제9절에서는 유비쿼터스 시대의 개념과 특징, 그리고 이러한 시대가 가져올 미래 사회의 변화에 대해 논의하고자 합니다.

첫째, 유비쿼터스(Ubiquitous)는 영어사전에 "present, appearing, or found everywhere; existing or being everywhere at the same time: constantly encountered" 등으로 설명되고 있으며, 즉 "언제나, 어디서나, 누구나" 네트워크에 연결되어 상호 작용할 수 있는 환경을 말합니다. 디지털 기술(digital technology)의 발전으로 인해 스마트폰(smart phone), 태블릿(tablet), 인터넷(internet) 등이 보편화되었고, 스마트폰, 태블릿, 스마트 워치(smart watch) 등의 개인용 장치를 통해 언제 어디서나 인터넷에 접속하고 정보를 주고받을 수 있으며, 사물 인터넷

(IoT: Internet of Things), 인공 지능(AI: Artificial Intelligence), 빅데이터(big data) 등의 기술이 일상생활에 스며들어 각종 디지털 서비스와 연결되어 있는 상태를 의미합니다. 따라서 유비쿼터스 시대는 정보와 통신 기술이 인간의 일상생활과 사회 구조의 모든 영역에 보편적으로 보급되고 통합되어 물리적, 디지털적인 경계가 희미해지고 모든 장소와 시간에서 디지털 기술에 접속할 수 있는 시대를 의미합니다.

둘째, 유비쿼터스 시대에서의 디지털 기술의 발전은 우리 삶의 여러 측면에 중대한 영향을 미치고 있습니다. 커뮤니케이션(communication)은 지리적 경계를 초월하여 즉각적이고 글로벌화되었습니다. 소셜 미디어 플랫폼(social media platform)을 통해 우리는 친구, 가족 및 커뮤니티(community)와 연결되어 소속감을 키우고 아이디어 교환을 촉진할 수 있습니다. 또한 검색 엔진과 온라인 리소스(online resource)를 통해 쉽게 정보에 접근할 수 있어 교육에 혁신을 가져왔으며 기존 개념의 교실을 넘어서는 지속적인 학습 기회를 제공하고 있습니다.

셋째, 유비쿼터스 시대의 특징으로는 다음과 같습니다.

가. 네트워크 연결성(networks): 유비쿼터스 시대에서는 모든 기기가 인터넷에 연결되어 있으며, 실시간으로 정보를 주고받을 수 있습니다. 이를 통해 우리는 언제 어디서나 필요한 정보에 접근하고,

다른 사람들과 소통할 수 있습니다.

나. 모바일 컴퓨팅(mobile computing): 스마트폰과 태블릿과 같은 모바일 장치의 보급으로 인해 우리는 언제 어디서나 인터넷에 접속하고 다양한 애플리케이션을 사용할 수 있습니다. 이로써 우리의 일상생활, 업무, 교육 등 다양한 영역에서 효율적인 작업이 가능해졌습니다.

다. 스마트 환경: 유비쿼터스 시대에서는 우리 주변 환경이 스마트해집니다. 센서와 인터넷 연결을 통해 스마트 홈, 스마트 시티, 스마트 카 등 다양한 스마트 시스템이 구축되어 우리의 생활을 편리하게 만들어 줍니다. 예를 들어, 스마트 홈에서는 가전 제품이 자동으로 동작하거나, 생활 패턴에 맞게 제어될 수 있습니다.

라. 빅데이터와 인공 지능: 유비쿼터스 시대에서는 빅데이터와 인공 지능 기술이 중요한 역할을 수행합니다. 모든 디지털 활동은 데이터로 기록되고 분석되며, 이를 통해 우리의 행동 패턴, 취향, 관심사 등을 파악할 수 있습니다. 이는 다양한 서비스의 개인화와 우리의 삶을 향상시키는 데 도움을 줍니다.

마. 장소와 시간의 해소: 유비쿼터스 시대에서는 공간적, 시간적 제약이 크게 해소됩니다. 이동 중에도 모바일 기기를 통해 업무를 처리하거나, 인터넷을 통해 다른 사람과 소통할 수 있습니다. 또한, 물리적인 장소에 구애 받지 않고 정보에 접근하고 서비스를 이용할 수 있습니다.

넷째, 유비쿼터스 시대는 우리의 일상생활을 혁신하고 사회적, 경제적인 영역에서도 큰 변화를 가져올 것입니다. 유비쿼터스 시대가 가져올 변화는 다음과 같습니다.

가. 생활 편의성: 스마트 기기들은 우리의 일상생활을 편리하게 만들어줍니다. 예를 들어, 스마트 홈은 우리가 집 밖에 있어도 가전제품을 원격으로 제어하고, 스마트 시계는 건강 정보를 실시간으로 제공하여 우리의 건강을 챙길 수 있습니다.

나. 사회적 연결: 유비쿼터스 기술은 사람들 간의 소통과 협력을 촉진합니다. 소셜 미디어와 모바일 애플리케이션은 우리가 가까운 친구와도 멀리 떨어진 상태에서도 쉽게 연결되고 소통할 수 있는 기회를 제공합니다.

다. 경제적 발전: 유비쿼터스 시대는 새로운 비즈니스 모델과 경제 활동의 창출을 촉진합니다. 스마트 시티, 스마트 교통 시스템, 스마트 농업 등은 효율성과 생산성을 향상시키며 경제 성장에 기여합니다.

디지털 기술과 유비쿼터스 환경의 특징

현대 사회에서 디지털 기술과 유비쿼터스 환경은 우리의 삶을 근본적으로 변화시키고 있습니다. 이러한 디지털 기술과 유비쿼터스 환경은 우리의 생활과 사회 구조에 많은 영향을 미치고 있으며, 우리의 일상생활에 혁신과 편의성을 가져다주고 있습니다. 제10절에서는 이러한 디지털 기술과 유비쿼터스 환경의 주요 특징들에 대해 논의하고자 합니다.

첫째, 디지털 기술은 정보를 디지털 형식으로 저장, 처리 및 전송하는 기술을 의미합니다. 이러한 기술은 다음과 같은 특징을 갖고 있습니다.

가. 빠른 속도와 정확성: 디지털 기술은 고속의 처리 속도와 높은 정확성을 제공합니다. 컴퓨터와 인터넷의 발전으로 우리는 신속하게 정보를 검색하고 전송할 수 있으며, 오차 없이 데이터를 처리할 수 있습니다.

나. 무한한 저장 용량: 디지털 형식은 무한한 저장 용량을 제공합니다. 하드 디스크(hard disk), 클라우드 서비스(cloud service) 등을 통해 대용량의 데이터를 보관하고 필요할 때 빠르게 접근할 수 있습니다.

다. 복제 및 수정 용이성: 디지털 기술은 정보의 복제와 수정이 용이합니다. 파일을 복사하거나 수정하여 원하는 내용을 손쉽게 변경할 수 있습니다.

라. 유연성과 가변성: 디지털 기술은 소프트웨어(software)와 하드웨어(hardware)의 조합을 통해 다양한 기능을 수행할 수 있습니다. 우리는 소프트웨어 업데이트를 통해 기기의 기능을 확장하거나 개선할 수 있고, 다양한 디지털 서비스와 애플리케이션을 이용해 우리의 삶을 편리하게 만들 수 있습니다.

둘째, 유비쿼터스 환경은 디지털 기술이 모든 공간과 시간에 보편적으로 존재하는 환경을 의미합니다. 이러한 환경은 다음과 같은 특징을 가지고 있습니다.

가. 언제 어디서나 실시간 접근성: 유비쿼터스 환경에서는 언제 어디서나 실시간으로 정보에 접근할 수 있습니다. 스마트폰, 태블릿, 노트북 등 다양한 디지털 기기를 통해 인터넷에 연결되어 정보를 얻을 수 있습니다.

나. 위치 인식 기술: 유비쿼터스 환경에서는 위치 인식 기술이 활발히 사용됩니다. GPS(Global Positioning System), RFID(Radio-Frequency Identification), NFC(Near-Field Communication) 등의 기술을 통해 우리의 위치를 파악하고 해당 위치에 맞는 정보를 제공받을 수 있습니다.

다. 사물 인터넷: 유비쿼터스 환경은 사물 인터넷(IoT)에 기반을 두고 있습니다. 유비쿼터스 환경은 사물 인터넷 기술을 통해 우리 주변의 사물들이 서로 연결되고 상호 작용할 수 있는 환경을 구축합니다. 우리의 가전 제품, 차량, 건물 등이 스마트 기기로 변화하고, 다양한 장치와 센서가 네트워크로 연결되어 상호 작용하고, 우리의 일상생활을 편리하게 해 줍니다.

넷째, 디지털 기술과 유비쿼터스 환경은 우리의 삶과 사회에 많은 변화를 가져왔습니다. 또한, 교육, 의료, 국가의 경쟁력 강화 등 다양한 분야에서 유익한 변화가 이루어지고 있습니다.

가. 생활의 편의성: 유비쿼터스 환경에서는 스마트폰을 통해 우리의 생활이 편리해졌습니다. 은행 업무, 쇼핑, 교통 정보 등을 언제든지 이용할 수 있고, 스마트 홈 기술을 통해 가전제품이 자동으로 조작되거나 환경이 최적화되고 있습니다.

나. 산업과 경제의 혁신: 유비쿼터스 환경에서는 산업 분야에서도 혁신

적인 변화가 일어나고 있습니다. 인터넷을 통한 글로벌 비즈니스, 스마트 공장, 자율 주행 차량 등은 생산성을 높이고 경제 발전을 도모하고 있습니다.

다. 사회와 문화의 변화: 유비쿼터스 환경에서는 사회와 문화에도 큰 변화를 가져오고 있습니다. 소셜 미디어와 온라인 커뮤니티를 통해 우리는 더 많은 사람들과 연결되고 정보를 공유하고 있습니다. 이로써 우리의 시각과 경험은 다양해지고 있으며, 문화적인 다양성과 상호 이해가 증진되고 있습니다.

라. 교육과 학습: 유비쿼터스 환경에서는 학습과 교육 방식도 변화되고 있습니다. 인공 지능(AI)과 가상 현실(VR) 등을 활용한 개인 맞춤형 학습 환경이 구축되고 있으며, 언제 어디서나 학습할 수 있는 기회가 확대될 것입니다.

마. 스마트 시티: 유비쿼터스 환경에서는 도시가 스마트 시티로 발전할 것으로 예측됩니다. 센서와 인지 기술을 활용한 도시 인프라의 효율성 향상과 교통 체증 완화, 에너지 절약 등이 실현될 것입니다.

바. 의료와 헬스케어: 유비쿼터스 환경에서는 의료와 헬스케어 분야에 혁신을 가져올 것으로 기대됩니다. 휴대용 센서 기기를 통해 개인의 건강 상태를 모니터링하고, 의료 서비스에 대한 접근성과 효율성이 향상될 것입니다.

결론적으로, 디지털 기술과 유비쿼터스 환경은 우리의 삶과 사회 구조를 변화시키는 많은 잠재력을 가지고 있습니다. 유비쿼터스 시대는 디지털 기술의 발전으로 인해 언제 어디서나 우리 주변에 디지털 기기와 서비스가 자연스럽게 존재하는 시대를 말합니다. 이러한 시대의 특징과 미래 사회의 혁신은 우리의 삶과 사회 구조에 혁명적인 변화를 가져올 것입니다. 우리는 이러한 변화에 대한 인식과 이해를 바탕으로 적극적으로 참여하여 유비쿼터스 환경의 잠재력을 최대한 활용해야 합니다.

디지털 기술과 유비쿼터스 환경의 우리의 삶에 대한 영향

21세기는 디지털 기술의 폭발적인 발전으로 인간의 삶과 사회에 혁신적인 변화를 가져왔습니다. 정보 통신 기술의 발달과 인터넷의 보급은 우리의 일상에서 디지털 기기와 서비스를 빼놓을 수 없는 존재로 만들었고, 이로 인해 우리의 생활 방식과 사회 구조는 급격하게 변화하였습니다. 컴퓨터, 인터넷, 스마트폰 등의 혁신은 우리의 삶을 근본적으로 변화시켰으며, 이러한 변화는 우리 사회와 경제에 광범위한 영향을 미치고 있습니다. 제11절에서는 디지털 기술의 발전과 그 영향에 대해 구체적으로 논의하고자 합니다.

첫째, 디지털 기술은 커뮤니케이션과 정보 접근성에 혁신을 가져왔습니다. 소셜 미디어, 메신저 앱, 이메일 등을 통해 사람들은 실시간으로 전 세계의 사람들과 소통하고 정보를 공유할 수 있게 되었습니다. 이를 통해 우리는 지리적인 제약 없이 다양한 문화와 관점을 경험하며 상호 교류할 수 있습니다. 또한, 인터넷을 통해 빠르고 쉽게 정보에 접근할 수 있어 학습, 연구, 업무 등에서의 효율성이 대폭 향상되었습니다.

둘째, 디지털 기술은 우리의 삶을 혁신적으로 변화시켰습니다. 예전에는 정보를 얻기 위해 도서관이나 박람회에 참가하는 등의 번거로운 과정을 거쳐야 했지만, 지금은 인터넷을 통해 어떤 정보든 즉시 접할 수 있습니다. 디지털 기술은 또한 소통과 커뮤니케이션을 쉽게 만들어 주었습니다. 전화, 이메일, 소셜 미디어, 화상 통화 등을 통해 전 세계 사람들과 실시간으로 연결되고 정보를 교류할 수 있습니다.

셋째, 디지털 기술은 의사 소통과 협업을 혁신적으로 변화시켰습니다. 이제는 전화, 이메일, 채팅 앱 등을 통해 실시간으로 사람들과 연락할 수 있습니다. 비즈니스 환경에서는 온라인 회의와 협업 도구가 지리적인 제약을 극복하고 글로벌 비즈니스 네트워크를 구축하는 데 도움이 되고 있습니다. 또한, 소셜 미디어 플랫폼은 사람들 사이의 관계 형성과 의견 교환을 더욱 쉽게 만들어 주었습니다. 이러한 소통과 협업의 혁신은 사회적인 연결성을 강화시키고 창의성과 혁신을 촉진하는 역할을 합니다.

넷째, 디지털 기술은 경제에도 큰 변화를 가져왔습니다. 인터넷을 통한 전자 상거래의 발전으로 오프라인과 온라인 상거래의 경계가 흐려졌고, 전통적인 비즈니스 모델을 뒤엎는 혁신적인 기업들이 등장했습니다. 예를 들어, 우버(Uber.com)와 에어비앤비(Airbnb.com)는 플랫폼을 통한 공유 경제 모델을 제시하며 새로운 시장을 창출하였고, 알리바바(Alibaba.com)와 아마존(Amazon.com)은 전자 상거래를 통해 소비 패턴을 변화시켰습니다. 또한, 스마트 시티, 스마트 홈, 자율 주행차 등의 기술이 발전하면서 새로운 비즈니스 영역이 형성되었고, 일자리 창출과 경제 성장을 촉진하는 역할을 하고 있습니다.

다섯째, 디지털 기술은 또한 산업과 경제 구조를 혁신하고 변화시켰습니다. 자동화와 인공 지능 기술의 발전은 생산성을 향상시키고 노동 시장을 변화시키고 있습니다. 일부 반복적이고 기계적인 작업은 자동화되고 있으며, 이는 인간 노동자들에게는 새로운 기회와 도전을 제공합니다. 또한, 디지털 플랫폼과 스마트 기기를 활용한 새로운 비즈니스 모델은 전통적인 산업과 경제 구조에 변화와 혁신을 요구하고 있습니다. 또한, 클라우드 컴퓨팅과 빅데이터 분석 등의 기술을 통해 기업은 데이터 기반의 의사 결정을 할 수 있게 되었고, 생산성을 향상시키고 비용을 절감할 수 있게 되었습니다. 이러한 변화는 기업과 산업의 경쟁력을 증진시키고 새로운 경제 성장 동력을 창출하고 있습니다.

여섯째, 디지털 기술은 교육 분야에서 혁신적인 변화를 가져왔습니다. 온라인 강의와 원격 교육 플랫폼을 통해 학생들은 언제 어디서나 학습할 수 있게 되었고, 개별 맞춤형 학습이 가능해졌습니다. 또한, 가상 현실(VR)과 증강 현실(AR)을 활용한 시뮬레이션과 실험은 학생들에게 현실적인 경험을 제공하고 창의적인 사고와 문제 해결 능력을 키워 주고 있습니다. 또한, 인공 지능을 활용한 개인화된 학습 컨텐츠와 평가 시스템은 학습자의 능력과 필요에 맞게 맞춤형 교육을 제공할 수 있습니다.

일곱째, 디지털 기술은 의료 분야에서 혁신적인 발전을 이루어 냈습니다. 원격 진료 및 모니터링 시스템은 환자들에게 편의를 제공하고 의료 서비스의 접근성을 향상시켰습니다. 또한, 의료 기록의 전자화와 빅데이터 분석은 의료진들이 더 정확하고 효율적으로 환자를 진단하고 치료할 수 있도록 도와줍니다. 또한, 의료 영상 분석과 생체 신호 처리를 위한 인공 지능 기술은 진단 정확성을 높이고 초기 발견과 예방을 돕고 있습니다. 이러한 디지털 기술의 발전은 의료 서비스의 효율성과 품질을 향상시키며, 사람들의 건강과 복지에 긍정적인 영향을 미치고 있습니다.

종합하면, 디지털 기술의 발전은 우리의 삶과 사회에 혁명적인 변화를 가져왔습니다. 정보 접근성과 소통의 혁신, 경제 구조의 변화 등은 우리에게 다양한 장점과 기회를 제공하고 있습니다. 디지털 기술의 발전은 사회, 경제, 교육, 의료 등 다양한 영역에서 혁신과 발전을 가져왔습니다. 그러므로 디지털 기술의 발전을 지속적으로 촉진하면서도 지속 가능한 사회를 구축하기 위해 우리는 윤리적이고 책임 있는 디지털 시민으로서의 역할을 수행해야 합니다.

디지털 기술과 유비쿼터스 환경이 제공하는 행복 요소

현대 사회에서 디지털 기술은 우리의 삶에 큰 영향을 미치고 있습니다. 인터넷, 스마트폰, 소셜 미디어 등의 디지털 기술은 우리의 일상에서 필수품이 되었고, 우리의 소통, 정보 접근, 엔터테인먼트 등 다양한 측면에서 혁신적인 변화를 가져왔습니다. 이러한 디지털 기술은 우리에게 행복을 제공하는 다양한 요소를 가지고 있습니다. 제12절에서는 디지털 기술이 우리에게 제공하는 행복 요소들에 대해 논의하고자 합니다.

첫째, 디지털 기술은 우리에게 소통과 연결의 새로운 차원을 제공합니다. 소셜 미디어 플랫폼을 통해 우리는 가족, 친구, 동료들과 언제든지 연락할 수 있으며, 사진, 비디오, 이모티콘 등을 공유할 수 있습니다. 또한, 온라인 커뮤니티를 통해 공통의 관심사를 가진 사람들과 연결되어 새로운 친구를 만들거나 지식을 공유할 수 있습니다. 이러한 커뮤니케이션과 연결성의 증대는 우리에게 사회적인 만족감과 소속감을 제공하며, 행복을 높여 줍니다.

둘째, 디지털 시대에는 필요한 정보를 얻기 위한 정보 접근이 이전보다 훨씬 쉬워졌습니다. 인터넷을 통해 우리는 전 세계의 다양한 정보에 접근할 수 있으며, 검색 엔진과 온라인 강의 플랫폼을 통해 지식을 습득할 수 있습니다. 또한 뉴스, 엔터테인먼트, 문화 등의 다양한 콘텐츠에도 쉽게 접근할 수 있습니다. 이러한 정보 접근의 편의성은 우리의 지식과 시야를 확장시켜 주고, 새로운 경험을 할 수 있는 기회를 제공하여 행복을 증진시킵니다.

셋째, 디지털 기술은 창의성과 자기 표현의 다양성을 촉진시킵니다. 사진, 음악, 동영상, 글 등을 창작하고 온라인 공간에 공유할 수 있는 플랫폼들이 많이 생겨나고 있습니다. 이를 통해 우리는 자신만의 예술 작품을 만들고, 아이디어를 공유하며, 다른 사람들과 협업할 수 있습니다. 또한 소셜 미디어를 통해 우리의 의견과 이야기를 전달할 수 있고, 다양한 사회 이슈에 대한 관심과 참여를 높일 수 있습니다. 이는 우리의 창의력을 발휘할 수 있는 기회를 제공하여 행복을 증진시킵니다.

넷째, 디지털 기술은 자기 계발과 교육에 큰 도움을 줍니다. 온라인 강의, 전자책, 블로그, 유튜브 등을 통해 자기 계발에 도움을 주는 다양한 콘텐츠를 찾아볼 수 있습니다. 인터넷에서는 다양한 언어로 된 강의를 들을 수 있고, 전 세계의 우수한 교육 기관들의 강의를 무료로 이용할 수도 있습니다. 또한, 온라인 커뮤니티와 포럼을 활용하여 다른 사람들과 정보를 공유하고 자신의 관심사에 대해 논의할 수 있습니다. 이를 통해 우리는 더 넓은 시야를 갖게 되고, 지식과 경험을 통해 행복을 높여 줍니다.

다섯째, 디지털 기술은 우리에게 창의적인 표현과 문화적인 활동을 위한 다양한 플랫폼을 제공합니다. 사진, 음악, 비디오 등의 다양한 예술 형식을 디지털 매체를 통해 만들고 공유할 수 있습니다. 또한, 디지털 도구를 사용하여 디자인, 프로그래밍, 영상 편집 등 다양한 분야에서 창의력을 발휘할 수 있습니다. 소셜 미디어를 통해 우리의 창작물을 전 세계와 공유할 수 있으며, 다양한 문화 활동에 참여할 수 있는 기회를 얻을 수 있습니다. 이는 우리의 창의성과 문화적인 영감을 높여 주어 행복을 더욱 향상시킬 수 있습니다.

여섯째, 디지털 기술은 우리에게 다양한 엔터테인먼트 형태를 제공합니다. 온라인 비디오 스트리밍 플랫폼은 우리에게 영화, 드라마, 음악 등 다양한 콘텐츠에 접근할 수 있는 기회를 줍니다. 게임과 가상 현실 기술은 우리에게 새로운 경험과 즐거움을 선사하며, 창의적인 표현의 장을 제공합니다. 또한, 인터넷은 우리에게 다양한 문화와 예술 작품을 소개하고, 전 세계의 다른 문화와 상호 작용할 수 있는 기회를 제공합니다. 이러한 엔터테인먼트와 창의성은 우리에게 즐거움과 흥미로운 활동을 제공하여 우리의 행복을 더욱 향상시킬 수 있습니다.

일곱째, 디지털 기술은 우리의 일상생활을 훨씬 더 편리하고 효율적으로 만들어 줍니다. 스마트폰을 통해 우리는 언제 어디서나 필요한 정보에 접근하고, 간편하게 업무를 처리할 수 있습니다. 온라인 쇼핑을 통해 우리는 필요한 물품을 집에서 편리하게 구매할 수 있고, 온라인 뱅킹, 전자 결제, 온라인 예약 등의 서비스를 통해 우리는 시간과 노력을 절약할 수 있습니다. 이러한 생활의 편리성과 효율성은 우리에게 더 많은 여유와 휴식 시간을 제공하여 행복을 높여 줍니다.

결론적으로, 디지털 기술은 우리에게 커뮤니케이션과 연결성의 증대, 정보 접근의 편의성, 창의성과 자기 표현의 다양성, 엔터테인먼트, 일상생활의 편리성, 효율성 등 다양한 행복 요소를 제공합니다. 우리는 디지털 기술을 통해 행복을 찾을 수 있지만, 동시에 그에 대한 책임과 균형을 갖는 것도 중요합니다. 디지털 기술이 우리의 삶에 더 많은 행복을 제공할 수 있도록 우리 스스로의 관리와 사용에 주의를 기울여야 합니다. 따라서 디지털 기술을 올바르게 활용하고, 우리의 행복과 사회적인 이익을 증진시킬 수 있도록 적극적으로 노력해야 합니다. 그렇게 함으로써 우리는 디지털 시대의 새로운 가능성을 최대한 활용하고 행복한 삶을 이끌어 갈 수 있을 것입니다.

제13절

디지털 기술과 유비쿼터스 행복의 상호 작용

21세기는 빠르게 진화하는 기술과 정보 통신 기술의 발전으로 우리의 삶을 놀라운 변화와 혁신으로 이끌어 왔습니다. 휴대폰, 인터넷, 인공 지능, 로봇 등 다양한 기술의 도입으로 우리는 이전에 상상도 할 수 없었던 편리함과 연결성을 경험하고 있습니다. 이러한 기술의 진보는 유비쿼터스 행복을 현실로 만들어 가는 데 큰 영향을 미치고 있습니다. 그러나 기술과 유비쿼터스 행복 사이의 관계는 단순한 일대일적 상호 작용을 넘어서, 복잡하고 다면적인 요소들이 존재합니다. 제13절에서는 우리는 디지털 기술의 영향과 유비쿼터스 행복을 조명하고, 이 둘의 상호 작용을 논의하고자 합니다.

첫째, 디지털 기술은 일상생활의 다양한 영역에서 편의성을 증대시켜 주고 있습니다. 스마트 홈 기술을 통해 우리는 가정의 조명, 난방, 가전제품 등을 편리하게 원격 제어할 수 있고, 자동차 운전을 자율주행으로 대체하여 운전 중의 스트레스를 줄일 수 있습니다. 또한 스마트폰을 통해 온라인 쇼핑, 은행 업무, 교통 이용 등을 간편하게 처리할 수 있으며, 이처럼 디지털 기술의 발전은 우리의 일상적인 행복감을 향상시키는 데 도움을 주고 있습니다.

둘째, 디지털 기술은 유비쿼터스 사회에서 우리가 행복을 조성할 수 있는 새로운 가능성을 제시하고 있습니다. 우리는 이제 언제 어디서나 온라인으로 정보를 얻을 수 있으며, 쇼핑이나 엔터테인먼트 등 우리의 취향에 맞는 경험을 쉽게 찾을 수 있습니다. 또한, 건강과 피트니스 분야에서도 디지털 기술은 큰 영향을 미치고 있습니다. 휴대용 건강 모니터링 기기와 앱을 통해 우리는 우리의 건강 상태를 관리하고 개선할 수 있습니다. 이러한 디지털 기술의 발전은 우리에게 더 나은 삶의 질을 제공하며, 더 행복한 삶을 살 수 있는 기회를 제공하고 있습니다.

셋째, 디지털 기술은 우리의 창의성과 혁신을 촉진하는 역할을 하기도 합니다. 예를 들어, 가상 현실(VR) 기술은 창작 활동에 새로운 차원을 추가하고, 디자인과 예술 분야에서 혁신적인 시도를 가능하게 합니다. 또한 인공 지능(AI)과 빅데이터 분석은 새로운 아이디어를 발굴하고 문제를 해결하기 위한 도구로 활용될 수 있습니다. 이러한 디지털 기술의 지원은 우리가 더욱 창의적으로 생각하고, 새로운 분야에 도전할 수 있는 환경을 제공하고 있습니다.

결론적으로, 디지털 기술은 우리의 편의와 행복을 증진시키는 데 큰 역할을 하고 있으며, 유비쿼터스 사회는 기술을 통해 우리에게 새로운 가능성과 기회를 제공하고 있습니다. 이러한 디지털 기술의 지속적 발전과 유비쿼터스 행복의 상호 작용으로, 미래에는 더욱 발전된 디지털 기술이 우리 일상의 행복에 더욱 깊이 관여할 것으로 예상됩니다. 인공지능, 가상 현실, 자율 주행차 등은 이미 우리의 일상에 도입되었고, 앞으로 더욱 발전하여 더욱 많은 변화를 가져올 것입니다. 이에 따라 기술의 발전과 유비쿼터스 행복의 상호 작용은 계속해서 진화하게 될 것입니다. 우리는 이러한 디지털 기술을 올바르게 활용하고, 기술의 잠재력을 최대한 활용함으로써 디지털 기술과 유비쿼터스 행복의 상호 작용을 지속적으로 개선해 나가야 합니다. 그러나, 기술은 도구일 뿐이며, 우리의 가치와 목표를 지향하는 데 도움이 되어야 합니다. 기술을 적극적으로 활용하면서도, 그에 따른 부정적인 영향을 최소화하기 위한 노력도 필요합니다. 또한, 사회적 평등과 공정성을 고려하여 모든 사람들이 디지털 기술 혜택을 누릴 수 있도록 노력해야 합니다. 궁극적으로 우리는 디지털 기술과 유비쿼터스 사회와의 상호 작용을 통해 더욱 풍요로운 삶을 살아갈 수 있으며, 이러한 변화를 적극적으로 수용하여 미래의 행복을 추구해야 합니다.

유비쿼터스 사회에서의 행복 개념의 변화

지속적인 기술 혁신과 디지털화의 발전으로 인해 현대 사회는 점차 유비쿼터스 사회로 발전하고 있습니다. 유비쿼터스 사회란 언제 어디서나 네트워크에 연결되어 정보와 기술에 접근할 수 있는 사회를 의미합니다. 이러한 변화는 우리의 삶에 큰 영향을 미치고 있으며, 이와 함께 행복에 대한 개념도 변화하고 있습니다. 제14절에서는 유비쿼터스 사회에서의 행복 개념의 변화에 대해 논의하고자 합니다.

첫째, 유비쿼터스 사회에서 우리는 언제 어디서나 다른 사람들과 연결되어 있습니다. 소셜 미디어와 인터넷을 통해 사회적 관계를 유지하고 정보를 교류할 수 있으며, 전 세계 어디에서나 친구와 가족과 연락을 유지할 수 있습니다. 이러한 연결성의 증대는 사회적 관계에 새로운 차원을 부여하고, 우리의 행복과 만족도에 영향을 줍니다.

둘째, 유비쿼터스 사회에서는 우리의 취향과 관심에 맞춘 맞춤형 서비스와 개인화된 경험이 더욱 중요해지고 있습니다. 온라인 쇼핑, 음악 스트리밍 서비스, 영화 및 드라마 추천 등은 우리의 개인적인 취향을 고려하여 최적화된 서비스를 제공합니다. 이러한 개인화된 경험은 우리가 더욱 자유롭게 선택하고 행복을 느낄 수 있는 기회를 제공합니다.

셋째, 유비쿼터스 사회에서는 지식과 정보에 접근하기가 이전보다 용이해졌습니다. 인터넷을 통해 언제든지 필요한 정보를 검색하고, 온라인 강의를 통해 원하는 분야의 전문 지식을 습득할 수도 있습니다. 이러한 정보 접근의 증가와 학습 기회의 확대는 우리의 인지적 성장과 자아실현에 도움을 줄 수 있으며, 이는 우리의 행복 수준에 긍정적인 영향을 미칩니다.

넷째, 유비쿼터스 사회에서는 일과 개인 생활이 더욱 융합되었습니다. 재택근무와 유연한 근무 시간은 우리에게 더 많은 시간과 공간의 유연성을 제공합니다. 이는 우리가 가정과 직장 간의 균형을 유지하고, 우리 자신의 관심사와 가치를 추구할 수 있는 기회를 주어 행복감을 높여주고 있습니다. 유비쿼터스 사회에서는 우리가 자유롭게 일할 수 있는 환경을 조성하고, 삶의 다양한 영역을 조화롭게 조절할 수 있습니다.

다섯째, 유비쿼터스 사회에서는 사회적 연결과 교류의 형태가 변화하였습니다. 소셜 미디어 플랫폼을 통해 우리는 다양한 사람들과의 연결을 유지하고, 사회적 네트워크를 형성합니다. 이는 우리의 사회적 연결과 소통을 더욱 증진시키고, 새로운 관계를 형성하는 데에 도움을 줍니다. 사회적 연결과 교류는 우리의 행복에 필수적인 요소로 작용합니다.

여섯째, 한편으로, 유비쿼터스 사회의 발전은 디지털 스트레스라는 새로운 문제를 낳고 있습니다. 항상 연결되어 있어야 하는 압박과 정보 과부하로 인해 정신적인 피로와 사회적인 불만이 증가할 수 있습니다. 따라서 우리는 유비쿼터스 사회에서 균형을 유지하고 디지털 시대의 스트레스를 관리하는 방법을 배워야 합니다.

결론적으로, 유비쿼터스 사회에서의 행복 개념은 연결성의 증대, 개인화된 경험과 자율성, 정보 접근과 학습 기회 제공, 일-생활 균형과 유연성의 증대, 그리고 사회적 연결과 교류의 변화 등 다양한 측면에서 변화하고 있습니다. 이러한 유비쿼터스 사회에서의 변화는 우리의 삶에 큰 영향을 미치고 있으며, 우리가 유비쿼터스 행복을 추구하는 새로운 가능성을 열어 주었지만, 우리는 이러한 가능성을 적극적으로 활용하면서도 균형과 조화를 유지하는 방향으로 나아가야 합니다. 따라서 유비쿼터스 사회에서 행복을 찾기 위해서는 디지털 스트레스를 관리하고 균형을 유지하는 능력을 갖추는 것도 중요합니다.

유비쿼터스 사회에서의 행복 지표

현대 사회는 기술의 급속한 발전과 디지털화의 영향으로 인해 유비쿼터스 사회로 나아가고 있습니다. 유비쿼터스 사회에서는 우리의 삶과 사회 전반에 기술이 보편화되어 있으며, 스마트폰, 인터넷, 인공 지능 등이 우리의 일상생활에 밀접하게 연관되어 있습니다. 이와 함께 행복에 대한 관점도 변화하고 있으며, 유비쿼터스 사회에서의 행복은 기존 사회에서의 행복 개념과는 다소 차이가 있습니다. 제15절에서는 유비쿼터스 사회에서의 행복 지표에 대해 논의하고자 합니다.

첫째, 유비쿼터스 사회에서 행복을 측정하는 가장 중요한 요소는 기술적 연결성입니다. 인터넷, 스마트폰, 소셜 미디어 등의 기술은 우리를 언제 어디서나 다른 사람들과 연결시켜 줍니다. 이는 사회적 지지와 소통의 증가를 의미하며, 사회적 관계망의 확장으로 행복을 제고할 수 있습니다. 유비쿼터스 사회에서 행복을 높이기 위해서는 기술적 연결성을 즐기는 방법을 찾고, 소통과 공동체 활동에 더 많은 노력을 기울여야 합니다.

둘째, 유비쿼터스 사회에서는 우리의 선호도와 특성을 파악하여 맞춤형 서비스를 제공하는 개인화 기술이 중요한 역할을 합니다. 우리는 자신만의 스마트 홈, 개인 비서, 맞춤형 광고 등을 통해 자신에게 필요한 정보와 서비스를 받을 수 있습니다. 이는 개인의 특별한 욕구를 충족시키고, 자신의 삶을 조절하는 자율성을 제공하여 행복을 증진시킵니다. 따라서 유비쿼터스 사회에서는 개인화와 자율성을 존중하고 이를 실현할 수 있는 기회를 찾아야 합니다.

셋째, 유비쿼터스 사회에서는 일과 개인적인 삶의 경계가 흐려지고, 언제든지 일을 할 수 있는 환경이 주어집니다. 유비쿼터스 사회에서는 유연한 일자리 형태와 재택근무 등을 통해 일과 생활의 균형을 조절하기 쉽습니다. 유비쿼터스 사회에서의 행복은 업무의 유연성과 생활의 균형을 효과적으로 조절하는 능력에 좌우됩니다. 유비쿼터스 사회에서는 개인이 일과 삶의 균형을 유지하고 휴식과 여가를 즐길 수 있는 환경을 조성하는 것이 개인의 만족감과 행복을 증진시키는 데 중요한 역할을 합니다.

결론적으로, 기술의 발전과 유비쿼터스 사회의 도래로 우리는 더욱 편리하고 효율적인 삶을 살게 되었지만, 이러한 편리함과 행복은 개인과 사회적인 관계, 자기 계발, 일-생활 균형 등과 밀접한 관련이 있습니다. 이러한 유비쿼터스 사회에서의 행복은 기술적 연결성, 개인화와 자율성, 일과 생활의 균형이라는 세 가지 요소로 정의될 수 있습니다. 유비쿼터스 사회에서의 행복은 지식과 정보의 접근성, 연결과 소통의 증대, 일과 삶의 균형, 개인 맞춤형 경험 등 다양한 측면에서 영향을 받고 있습니다. 따라서 우리는 유비쿼터스 사회에서 행복을 추구하기 위해 이러한 다양한 요소들을 균형 있게 고려해야 합니다. 우리는 유비쿼터스 사회의 장점을 최대한 활용하면서도 개인의 가치와 균형을 유지하는 방법을 찾아야 합니다. 유비쿼터스 사회에서의 행복은 단순한 만족이 아니라 개인의 성장과 사회적인 관계의 발전을 통해 실현될 수 있는 더 높은 차원의 가치로 여겨져야 합니다.

유비쿼터스 행복의 개념과 특성

모바일 기기, 인터넷, 인공 지능 등의 발전으로 우리는 언제 어디서나 접속하고 소통할 수 있는 환경을 누리게 되었습니다. 이러한 환경은 유비쿼터스 행복을 실현하는 데에도 새로운 기회를 제공하고 있습니다. 유비쿼터스 행복은 일상적인 환경에서도 지속적으로 행복을 경험할 수 있는 상태를 말합니다. 기술의 발전으로 인해 우리는 언제 어디서든 정보에 접근하고 소통할 수 있으며, 일상생활에서 편리함과 만족감을 느낄 수 있게 되었습니다. 이러한 환경은 우리의 행복을 새롭게 정의하고 있는데, 제16절에서는 유비쿼터스 행복의 개념과 특성에 대해 논의하고자 합니다.

첫째, 유비쿼터스 행복은 시간과 공간의 제약에서 벗어날 수 있는 자유를 의미합니다. 예를 들어, 스마트폰과 인터넷을 통해 우리는 가정이나 사무실에서 벗어나도 친구와 가족과 연락을 주고받을 수 있습니다. 또한, 모바일 앱을 통해 필요한 정보를 언제든지 얻을 수 있으며,

쇼핑이나 예약과 같은 일상적인 업무를 편리하게 처리할 수 있습니다. 이는 우리가 시간과 공간의 제약으로부터 해방되어 자유롭게 삶을 즐길 수 있는 기회를 제공합니다.

둘째, 유비쿼터스 행복의 핵심은 지속적인 연결과 소통입니다. 이제 우리는 언제 어디서나 가족, 친구, 동료와 연락을 주고받을 수 있습니다. 소셜 미디어를 통해 사랑하는 사람들과 사진, 메시지, 이야기를 공유하고, 실시간으로 소통할 수 있습니다. 이는 우리의 사회적 관계망을 넓히고 우리를 더욱 행복하게 만들어 줍니다.

셋째, 유비쿼터스 행복은 다양한 경험과 문화를 체험할 수 있는 다문화적인 환경을 의미합니다. 온라인 커뮤니티와 소셜 미디어를 통해 우리는 세계 각지의 사람들과 소통하고 문화적 경험을 나눌 수 있습니다. 또한, 인터넷을 통해 다양한 언어의 자료와 문화적 콘텐츠에 접근할 수 있으며, 이를 통해 우리의 시야를 넓힐 수 있습니다. 이러한 경험은 우리가 풍부한 사회적 관계와 다양성을 경험하며 새로운 아이디어와 관점을 얻을 수 있는 기회를 제공합니다.

넷째, 유비쿼터스 행복은 우리가 개인화된 경험과 서비스를 제공받는 환경을 의미합니다. 예를 들어, 스마트폰은 우리의 취향과 관심사를 파악하여 우리에게 맞춤형 정보를 제공합니다. 음악, 독서, 영화 등의 즐길 거리도 우리의 취향에 맞게 추천되며, 이는 우리에게 새로운 즐거움을 선사합니다. 개인화된 경험과 서비스는 우리를 더욱 만족시키고, 개개인의 행복을 높여 줍니다.

다섯째, 유비쿼터스 행복은 삶의 편리함과 효율성으로 인해 발생하는 스트레스와 부담을 줄일 수 있는 가능성을 의미합니다. 기술의 발전으로 인해 우리는 일상생활에서의 여러 가지 번거로움을 해결할 수 있습니다. 예를 들어, 스마트 홈 시스템을 통해 우리는 집안의 조명과 난방을 원격으로 제어하고, 인공 지능 비서를 통해 일정을 관리하고 작업을 효율적으로 조율할 수 있습니다. 이는 우리가 더 많은 시간을 행복한 일과 가치 있는 활동에 사용할 수 있게 해 줍니다.

여섯째, 유비쿼터스 행복은 우리가 새로운 도전과 성장의 기회를 얻을 수 있는 환경을 의미합니다. 온라인 교육 플랫폼을 통해 우리는 전 세계의 우수한 강의를 듣고 새로운 기술을 배울 수 있습니다. 또한, 온라인 커뮤니티를 통해 다른 사람들과의 협업과 공동 창작이 가능합니다. 이를 통해 우리는 지식과 기술을 습득할 수 있고 성장할 수 있습니다.

결론적으로, 유비쿼터스 행복은 현대 사회에서 기술의 발전과 디지털화로 가능해진 새로운 형태의 행복입니다. 시간과 공간의 제약에서 벗어나 자유롭게 삶을 즐길 수 있으며, 지속적인 연결과 소통, 다양한 경험과 문화를 체험할 수 있는 기회 제공, 개인화된 경험과 서비스, 편리함과 효율성으로 인해 발생하는 스트레스와 부담 경감, 도전과 성장의 기회 등을 통해 우리는 더 풍요롭고 행복한 삶을 누릴 수 있습니다. 이러한 유비쿼터스 행복은 우리의 삶을 보다 풍요롭게 만들어 주는 동시에 사회적 관계와 연결을 강화시켜 더욱더 의미 있는 삶을 살 수 있는 가능성을 열어 줍니다. 따라서, 우리는 디지털 기술을 적극적으로 활용하여 유비쿼터스 행복을 추구하면서, 기술의 발전이 사회적 가치와 개인의 행복을 동시에 실현할 수 있는 방향으로 나아가야 합니다.

제3장

유비쿼터스 행복 실천 전략

Ubiquitous Happiness

유비쿼터스 사회적 연결과 유대감 형성

인간은 사회적인 동물로서 사회적 연결과 유대감은 우리 삶의 핵심 요소입니다. 과거에 비해 인터넷과 기술의 발전으로 인간들은 더 많은 사람들과 연결되고 있으며, 이러한 연결은 우리의 삶과 사회 구조에 큰 영향을 미치고 있습니다. 이것은 우리가 다른 사람들과 상호 작용하고 교류하며, 소속감과 이해, 공감을 경험하는 데 도움이 됩니다. 제17절에서는 사회적 연결과 유대감이 어떻게 우리의 삶에 영향을 미치는지에 대해 논의하고자 합니다.

첫째, 사회적 연결은 우리를 다른 사람들과 연결하는 과정을 의미합니다. 현대 사회에서는 인터넷과 소셜 미디어의 발전으로 인해 사회적 연결이 이전보다 더욱 쉽고 빠르게 이루어지고 있습니다. 이를 통해 우리는 가족, 친구, 동료, 전문가 등 다양한 사람들과 소통하고 정보를 공유할 수 있습니다. 이러한 사회적 연결은 우리의 삶에 긍정적인 영향을 미치며, 우리에게 다음과 같은 혜택을 제공합니다.

가. 사회적 연결은 우리에게 정서적인 안정을 제공합니다. 우리는 서로의 지지와 이해를 받을 때 더 행복하고 안정감을 느낄 수 있습니다. 사회적 연결은 우리에게 친구, 가족, 동료 등과의 관계를 형성할 기회를 주고, 어려운 시기에 상담이나 조언을 구할 수 있는 네트워크를 제공합니다.

나. 사회적 연결은 연결된 사회적 네트워크를 통해 우리는 다양한 정보와 지식을 공유하고 습득할 수 있습니다. 이는 우리 개인의 성장과 사회의 발전에 도움을 줍니다.

다. 사회적 네트워크로 다른 사람들과 연결되어 있을 때 우리는 새로운 기회에 노출될 가능성이 높아집니다. 사회적 관계를 통해 우리는 취업 기회, 협력 기회, 사업 기회 등을 발견할 수 있습니다.

라. 사회적 연결은 공동체 형성을 도모합니다. 사회적 네트워크는 우리를 주변 사회와 연결시켜 주는 다리 역할을 합니다. 우리가 소속감을 느끼고 공동체의 일원으로 인식될 때, 우리는 자신감을 키우고 더 큰 목표를 위해 협력할 용기를 갖게 됩니다. 공동체 형성은 상호 의존적인 관계를 통해 사회의 문제를 해결하고, 성장과 발전을 이룰 수 있는 기반을 제공합니다.

마. 사회적 연결은 우리에게 사회적 지지망을 제공합니다. 우리가 다른 사람들과 관계를 형성하면서, 우리는 상호 작용과 교류를 통해 자신의 기술과 지식을 향상시킬 수 있습니다. 사회적인 관계망을 통해 우리는 새로운 아이디어를 얻거나 비슷한 관심사를 가진 사람

들과 협력을 통해 더 큰 성과를 이룰 수 있습니다.

둘째, 유대감은 사회적 연결과 깊은 관련이 있습니다. 유대감은 사회적 연결의 한 단계로서 우리가 다른 사람들과 협력하고 상호 작용하는 과정에서 형성됩니다. 유대감은 소속감, 공감, 이해를 포함하며, 우리가 상호 작용하는 과정에서 형성되는 신뢰와 친밀감의 감정입니다. 유대감은 우리에게 안정감을 제공하고, 우리의 정신적, 정서적, 신체적 건강에 긍정적인 영향을 미칩니다. 또한, 유대감은 협력과 공동체 의식을 증진시키며, 우리가 서로를 돕고 지원할 수 있는 네트워크를 형성합니다. 유대감은 우리에게 다음과 같은 혜택을 제공합니다.

가. 유대감은 우리에게 소속감과 정체성을 부여합니다. 우리가 어떤 그룹에 속해 있다는 느낌은 우리가 인간으로서의 가치를 인정받는데 도움을 줍니다.
나. 유대감은 상호 의존성과 협력을 촉진합니다. 우리가 함께 속해 있는 그룹의 이익을 위해 협력하고 지원하는 것은 우리 자신과 그룹 모두에게 이점을 가져다줍니다.
다. 유대감은 사회적 문제에 대한 해결을 도와줍니다. 우리가 함께 속한 그룹으로부터 나온 유대감은 사회적 변화를 이끌어 내고 공동의 목표를 달성하는 데 도움을 줍니다.
라. 유대감은 우리의 정신적 안녕과 건강에 긍정적인 영향을 미칩니다.

일반적으로, 사회적으로 긍정적으로 연결되어 있는 사람들은 우울증, 불안, 스트레스와 같은 정신적인 문제를 경험할 확률이 낮아진다 합니다.

결론적으로, 사회적 연결과 유대감은 현대 사회에서 매우 중요한 가치입니다. 우리는 사회적 연결을 통해 다른 사람들과 소통하고 정보를 공유하며, 유대감을 형성하여 정서적인 지지를 받을 수 있고, 정보와 기회를 공유하며 상호 작용과 협력을 촉진시킬 수 있습니다. 이를 통해 우리는 정서적 안정과 건강을 증진시킬 뿐만 아니라, 더 큰 목표를 달성하고 발전할 수 있는 가능성을 열어 줍니다. 이러한 사회적 연결과 유대감은 우리의 삶의 질을 향상시키고 개인적인 만족감과 행복을 증진시키는 데 중요한 역할을 하고 있습니다. 따라서 우리는 사회적 연결과 유대감을 촉진하고 유지하기 위해 노력해야 합니다.

유비쿼터스 환경과 건강한 삶의 조화

21세기는 기술의 발전으로 인해 우리의 생활이 빠르게 변화하고 있습니다. 특히 유비쿼터스 환경의 등장으로 인터넷과 모바일 기술이 우리 주변에 스며들어 일상생활의 거의 모든 영역에 접목되었습니다. 이러한 환경은 우리에게 편리함과 효율성을 제공하지만, 동시에 건강과의 상관관계에 대한 새로운 고민도 야기하고 있습니다. 제18절에서는 유비쿼터스 환경과 건강한 삶을 조화시키는 방법에 대해 논의하고자 합니다.

첫째, 유비쿼터스 환경은 우리의 일상생활을 편리하게 만들어 줍니다. 스마트폰, 스마트 홈, 웨어러블 기기 등을 통해 우리는 언제 어디서나 필요한 정보를 얻을 수 있고, 일상적인 작업들을 더욱 간편하게 처리할 수 있습니다. 이는 우리의 생산성을 높여 주고 시간을 절약해 줌으로써 스트레스를 줄여 줄 수 있습니다. 그러나 이러한 기술들은 우리를 지나치게 의존적으로 만들 수도 있습니다. 항상 연결되어 있어야 하는 스마트폰이나 웨어러블 기기는 우리의 주의를 산만하게 하고, 실제로 필요한 휴식과 균형을 유지하기 어렵게 만들 수도 있습니다.

둘째, 유비쿼터스 환경을 활용하여 우리의 건강을 관리하는 데 도움을 받을 수 있습니다. 예를 들어, 스마트 워치와 헬스 앱을 활용하여 심박수, 수면 패턴, 활동량 등을 측정하고 기록함으로써 건강 상태를 체계적으로 관리할 수 있습니다. 또한, 스마트 홈 환경을 통해 실시간으로 실내의 온도, 습도, 공기 질 등을 모니터링하고 건강에 유해한 요소들을 감지하여 적절한 대처를 취할 수 있습니다. 이러한 기술을 적극적으로 활용함으로써 우리는 건강한 삶을 더욱 쉽고 효과적으로 유지할 수 있습니다.

셋째, 유비쿼터스 환경과 건강한 삶의 조화를 위해 우리는 기술에 대한 올바른 인식을 가져야 합니다. 기술은 우리를 도와주는 도구일 뿐이며, 우리의 삶의 주체는 여전히 우리 자신이라는 것을 명심해야 합니다. 우리는 기술에 지나치게 의존하는 대신, 우리의 가치와 목표를 중심으로 기술을 적절하게 활용해야 합니다. 우리의 건강과 행복은 기술의 발전에 의지하는 것이 아니라, 우리의 내면과 외부 환경의 조화에서 비롯됩니다. 따라서 일상생활에서 스마트폰이나 기타 디지털 기기를 일시적으로 끄거나 멀리 두고, 운동과 명상 등 우리의 신체와 정신에 더욱 긍정적인 영향을 주는 활동들에 많은 시간을 투자해야 합니다.

이러한 노력은 우리의 삶을 더욱 풍요롭고 의미 있게 만들어 줄 것입니다. 우리는 유비쿼터스 환경을 우리가 건강하고 행복한 삶을 살기 위한 도구로 삼아야 합니다.

넷째, 유비쿼터스 환경과 건강한 삶을 조화롭게 유지하기 위해서는 우리가 디지털 디톡스(digital detox)를 위한 시간과 공간을 만들어야 합니다. 건강한 삶을 유지하기 위해서는 디지털 사용 시간을 제한하고, 적절한 휴식과 운동을 통해 균형을 유지해야 합니다. 주기적으로 스마트폰이나 인터넷을 사용하지 않는 시간을 가지고, 자연과 소통하며 내면의 평화를 찾는 것은 건강한 삶을 유지하는 데 도움이 됩니다. 또한, 오프라인 활동에도 많은 시간을 할애하여 사회적 관계를 형성하고 문화적인 활동을 즐기는 것도 중요합니다. 따라서 우리는 일정한 시간을 디지털 탈피에 할애하고, 현실 세계와의 균형을 유지하는 것이 중요합니다. 산책, 운동, 가족과의 교류 등을 통해 디지털과 오프라인 세계를 조화롭게 연결시킬 수 있어야 합니다.

결론적으로, 유비쿼터스 환경과 건강한 삶은 상호 보완적인 요소들을 가지고 조화롭게 결합될 수 있습니다. 우리는 건강한 디지털 사용 습관을 형성하고, 스마트 건강 관리 기술을 적극적으로 활용하며, 디지털 기술에 대한 인지적 대응을 적용함으로써 건강과 편리함을 동시에 추구할 수 있습니다. 따라서 기술의 발달로 인해 유비쿼터스 환경에서 편리해진 우리의 삶을 즐기면서도, 우리의 신체적, 정신적 건강을 유지하기 위해 적절한 대처 방법을 찾아야 합니다. 이러한 노력과 균형은 우리의 삶의 질을 향상시키고, 행복하고 건강한 미래를 이끌어 갈 것입니다. 따라서 우리는 지속적인 관심과 노력을 통해 유비쿼터스 환경과 건강한 삶의 조화를 추구해야 합니다. 이렇게 조화를 이룬 유비쿼터스 환경과 건강한 삶은 우리가 더 풍요롭고 행복한 삶을 살아갈 수 있도록 도와줄 것입니다.

제19절

유비쿼터스 사회와 개인의 역량 개발

현대 사회는 과거에 비해 기술과 정보가 급속하게 발전하여 우리의 삶에 큰 변화를 가져왔습니다. 이제 우리는 디지털 기술을 통해 언제 어디서나 연결되어 있고, 다양한 정보와 리소스를 손쉽게 이용할 수 있습니다. 이러한 유비쿼터스 사회에서는 많은 변화와 기회가 있지만, 동시에 새로운 도전과 압박도 함께 따르고 있습니다. 이에 개인의 역량 개발은 유비쿼터스 행복을 이루는 데에 있어서 핵심적인 역할을 수행합니다. 개인의 역량 개발이란 자기 계발을 통해 능력과 능동성을 향상시키는 과정을 말합니다. 이를 통해 우리는 유비쿼터스 사회의 변화에 더욱 적극적으로 대응할 수 있게 되며, 성장과 발전을 이룰 수 있습니다. 제19절에서는 유비쿼터스 사회에서의 개인의 역량 개발 방법에 대해 논의하고자 합니다.

첫째, 유비쿼터스 행복을 위한 개인의 역량 개발은 지식과 기술의 습득을 포함합니다. 디지털 시대에서는 지식과 기술의 업데이트가 빠르기 때문에 개인은 지속적인 학습과 습득을 통해 자신의 전문성을 향상시켜야 합니다. 예를 들어, 인터넷을 통해 온라인 강의나 자료를 활용하여 새로운 기술을 습득하고, 전문 분야의 최신 동향을 파악하는 것이 중요합니다. 이렇게 지식과 기술을 습득함으로써 개인은 새로운 일자리를 창출하거나 현재의 직장에서 더욱 높은 성과를 이뤄 낼 수 있게 됩니다.

둘째, 기술적인 역량을 개발하는 것이 중요합니다. 컴퓨터와 인터넷, 스마트폰과 같은 디지털 기기는 우리의 일상생활에 끊임없이 사용되고 있습니다. 이에 개인은 디지털 리터러시(digital literacy)를 향상시켜 효과적으로 정보를 검색하고 활용할 수 있어야 합니다. 또한, 다양한 소프트웨어와 애플리케이션을 습득하여 업무 효율성을 높이고 창의적인 아이디어를 구현할 수 있어야 합니다.

셋째, 유비쿼터스 행복을 위한 개인의 역량 개발은 커뮤니케이션과 협업 능력의 향상을 필요로 합니다. 디지털 기술의 발전으로 인해 우리는 더 많은 사람들과 연결되고, 다양한 사회적 관계를 형성할 수 있습니다. 그러나 이는 동시에 다양한 의사소통 도구와 방법에 익숙해지고, 타인과 협력하여 문제를 해결할 수 있는 능력을 요구합니다. 이를 위해 개인은 효과적인 커뮤니케이션 능력과 협업 능력을 개발해야 합니다. 우리는 자신의 생각과 감정을 명확하게 전달할 수 있는 능력을 갖추어야 하며, 팀워크와 리더십을 발휘하여 다른 사람들과 협력할 수 있어야 합니다. 또한, 다양한 문화와 가치관을 이해하고 존중하는 인식도 중요합니다. 예를 들어, 다양한 사회 활동에 참여하거나 자원봉사 활동에 참여하여 타인과의 관계를 형성하고 소통하는 기회를 가질 수 있다면, 개인의 커뮤니케이션 능력과 협업 능력을 개발하는 데 많은 도움이 될 수 있습니다.

넷째, 문제 해결과 창의적 사고를 위한 능력을 강화해야 합니다. 유비쿼터스 시대에는 다양한 문제와 도전이 계속해서 발생합니다. 이를 해결하기 위해서는 문제를 분석하고 해결책을 찾는 능력이 필요합니다. 또한, 창의적인 사고를 통해 새로운 아이디어를 도출하고 혁신적인 방향으로 나아갈 수 있습니다. 문제 해결 능력과 창의적 사고를 키우기 위해서는 다양한 경험을 쌓고 문제에 대한 다양한 관점을 갖는 것이 중요합니다. 예를 들어, 새로운 환경이나 새로운 직업 분야에 도전하는 것은 우리의 능력을 확장시키고 창의성을 자극할 수 있는 좋은 방법입니다.

다섯째, 유비쿼터스 행복을 위한 개인의 역량 개발은 심리적인 성숙과 안녕을 추구해야 합니다. 디지털 시대에는 빠른 변화와 정보의 과부하로 인해 스트레스와 불안이 증가할 수 있습니다. 이에 대비하기 위해서는 개인은 자기 관리 능력을 향상시켜야 합니다. 일상적인 운동이나 명상과 같은 신체적·정신적 건강 관리는 개인의 안녕과 행복에 큰 영향을 미칠 수 있습니다. 또한, 자기 자신과의 관계를 긍정적으로 발전시키고, 자기 존중감과 자기 효능감을 키워 나가는 것이 중요합니다.

결론적으로, 유비쿼터스 행복을 위한 개인의 역량 개발은 끊임없는 변화와 도전을 대비하는 데 있어 필수적입니다. 지식과 기술, 기술적인 역량, 커뮤니케이션과 협업 능력, 문제 해결과 창의적 사고 능력, 심리적인 성숙과 안정을 향상시킴으로써 우리는 현대 사회에서 더 나은 삶을 살아갈 수 있습니다. 이러한 역량을 개발함으로써 우리는 더욱 풍요로운 삶을 살 수 있을 뿐만 아니라, 유비쿼터스 사회와 함께 발전하는 유비쿼터스 행복을 추구할 수 있습니다. 따라서 유비쿼터스 시대의 도전과 기회에 적극적으로 대응하며, 개인의 역량 개발에 주저하지 않도록 노력해야 합니다. 우리는 지금부터라도 개인의 역량 개발에 투자를 집중하고, 개인의 지속적인 성장과 발전을 추구한다면, 유비쿼터스 행복을 실현할 수 있는 새로운 길을 열어 갈 수 있을 것입니다.

유비쿼터스 사회의 디지털 웰빙과 자기 관리

현대 사회에서 디지털 기술의 발전은 우리의 삶에 놀라운 변화를 가져왔습니다. 우리는 스마트폰, 태블릿, 컴퓨터 등 다양한 디지털 장치를 사용하여 정보를 손쉽게 접하고, 소통하며, 일상적인 업무를 수행합니다. 이러한 편리함은 우리에게 많은 혜택을 제공하지만, 동시에 디지털 웰빙과 자기 관리의 중요성을 강조하는 필요성을 불러일으키고 있습니다. 그 이유는 디지털 기기와의 무한한 상호 작용으로 인해 우리의 일상에서 디지털 중독, 정보 과부하, 개인 정보 유출, 소셜 미디어의 부정적 영향 등의 부작용을 가져올 수도 있기 때문입니다. 디지털 웰빙은 이러한 부작용을 최소화하고, 디지털 기기와 기술을 적절하게 사용하는 습관을 형성하여 유비쿼터스 사회에서 우리의 건강과 행복을 촉진하는 것을 의미합니다. 따라서 제20절에서는 디지털 웰빙의 개념과 중요성, 그리고 자기 관리의 핵심 요소에 대해 논의하고자 합니다.

첫째, 디지털 웰빙을 실현하기 위해서는 우리가 디지털 기기와의 상호 작용에 대한 균형을 유지해야 합니다. 스마트폰이나 컴퓨터 등 디지털 기기의 사용 시간을 적절히 조절하고, 불필요한 알림을 제한하는 등의 방법을 통해 디지털 기기와의 건강한 관계를 유지할 수 있습니다. 또한, 우리가 디지털 환경에서 소비하는 콘텐츠를 선택적으로 관리하는 것도 중요합니다. 부정적인 영향을 줄 수 있는 콘텐츠는 피하고, 긍정적이고 건강한 콘텐츠를 선별하여 소비함으로써 디지털 웰빙을 증진시킬 수 있습니다.

둘째, 디지털 웰빙을 실현하기 위해서는 온라인 활동에 대한 인식을 개선해야 합니다. 소셜 미디어와 인터넷은 우리에게 많은 정보와 연결성을 제공하지만, 동시에 개인 정보 유출, 불필요한 비교, 사회적 압박 등의 문제도 야기할 수 있습니다. 디지털 웰빙을 실현하기 위해서는 우리 자신의 목표와 가치를 중심으로 한정된 시간 동안만 온라인에 노출되도록 조절해야 합니다. 이를 통해 개인의 생각과 감정을 보호하고, 자기 존중감을 유지할 수 있습니다.

셋째, 디지털 웰빙을 실현하기 위해서는 실제 대면 소통과 균형 있는 생활을 추구해야 합니다. 가족과의 만남, 친구와의 약속, 자연과의 교감 등 오프라인 세계에서의 경험은 우리에게 큰 만족감과 정서적 지지를 제공합니다. 디지털 기술을 사용하면서도 실제로 사람들과 연결되는 시간을 가져야 합니다. 또한 일과 여가, 오프라인 활동과 온라인 활동 간의 균형을 유지하는 것도 중요합니다. 일상생활에서 적절한 휴식과 여가 시간을 가지고, 스트레스를 해소하고 즐거움을 찾는 것이 필요합니다. 즉, 디지털 세계에만 머무르지 않고 오프라인 활동을 통해 사회적 관계를 구축하고, 자연과의 조화를 찾는 것은 우리의 디지털 웰빙을 더욱 향상시킬 수 있는 방법입니다.

넷째, 우리는 자기 관리를 통해 디지털 웰빙을 강화할 수 있습니다. 운동, 명상, 독서 등과 같은 활동을 통해 우리의 신체와 정신을 건강하게 유지할 수 있습니다. 특히 디지털 기기와의 상호 작용에서 휴식 시간을 갖는 것은 매우 중요합니다. 화면에서 눈을 떼고 몸을 움직이며 휴식을 취함으로써 스트레스를 해소하고 우리의 생산성과 창의성을 높일 수 있습니다.

다섯째, 자기 관리를 위한 첫 번째 단계는 디지털 디톡스입니다. 매일 일정 시간 동안 스마트폰과 컴퓨터에서 멀어져서 자연과의 교감을 즐기는 시간을 가지는 것이 중요합니다. 산책이나 운동을 통해 신선한 공기를 마시고 마음을 정화하는 것은 디지털 웰빙에 큰 도움이 됩니다. 또한 스마트폰 사용 시간을 제한하고, 디지털 장치를 침실에서 멀리 떨어뜨려 품질 좋은 수면을 취하는 것도 중요합니다.

여섯째, 자기 관리를 위한 두 번째 단계는 정신적인 측면에서의 자기 관리입니다. 디지털 시대에서는 소셜 미디어의 영향력이 커지면서 비교와 경쟁, 외로움 등의 정신적인 문제가 늘어나고 있습니다. 이를 극복하기 위해서는 정서적인 안정과 자기 인식의 강화가 필요합니다. 일상에서 명상, 마음의 휴식, 친구와의 직접적인 교류 등을 통해 정신적인 안정을 유지하고, 자신의 가치와 능력을 인정하는 자기 인식을 개발해야 합니다.

결론적으로, 디지털 웰빙과 자기 관리는 유비쿼터스 사회에서 우리의 생활에 필수적인 요소입니다. 우리는 디지털 기술을 올바르게 활용하고, 스마트폰과 인터넷에 지나치게 의존하지 않으면서도 디지털 웰빙을 실현할 수 있습니다. 디지털 웰빙을 향상시키기 위해 우리는 신체적, 정신적, 감정적인 측면에서의 자기 관리를 실천해야 합니다. 운동, 식이 조절, 충분한 수면 등 신체적인 욕구를 충족시키고, 정서적인 안정과 자기 인식을 강화하며, 감정의 균형과 조절을 위한 기술을 익히는 것이 필요합니다. 우리가 디지털 기기와의 상호 작용을 균형 있게 유지하고, 콘텐츠를 선택적으로 관리하며, 자기 관리를 통해 신체적, 정신적 웰빙을 도모함으로써 우리의 삶의 질을 향상시킬 수 있습니다. 따라서 디지털 웰빙을 추구함으로써 우리는 자신의 삶의 웰빙과 행복을 증진시키며, 보다 의미 있는 삶을 살아갈 수 있을 것입니다.

유비쿼터스 사회와 일자리

현대 사회에서 일자리와 행복은 매우 중요한 요소로 인식되고 있습니다. 사람들은 일자리를 통해 경제적인 안정과 사회적 인정을 얻으며, 행복과 만족감을 추구합니다. 최근에는 유비쿼터스 사회와 디지털 기술의 발전으로 인해 일자리와 행복 사이에 새로운 관계가 형성되고 있습니다. 제21절에서는 일자리와 유비쿼터스 행복의 관계를 다각도로 논의하고자 합니다.

첫째, 유비쿼터스 기술은 우리의 일상에서 사용되는 컴퓨터와 디지털 기기들을 인터넷 네트워크로 연결하여 상호 작용하고, 정보를 공유하며, 생활을 편리하게 만들어 주는 기술입니다. 스마트폰, 인터넷, 인공 지능 등의 기술 발전으로 인해 일자리의 형태와 방식이 변화하고 있습니다. 유비쿼터스 기술은 일자리의 창출과 혁신을 촉진하며, 일자리를 더욱 효율적이고 다양한 형태로 구성할 수 있게 해 줍니다. 또한, 유비쿼터스 기술은 장소와 시간에 구애 받지 않고 일을 할 수 있는 환경을 제공하며, 개인의 생산성과 유연성을 향상시킬 수 있습니다. 또한, 원격 근무, 프리랜서 및 창업의 기회를 제공하여 개인이 더욱 자유롭게 일할 수 있는 환경을 조성하고 있습니다.

둘째, 유비쿼터스 행복은 일자리와 유비쿼터스 기술이 결합되어 개인과 사회의 행복을 증진시키는 개념입니다. 또한, 유비쿼터스 행복은 기술의 발전과 일자리의 특성이 조화롭게 어우러진 결과로 정의될 수도 있습니다. 유비쿼터스 기술은 일자리를 더욱 유연하고 창의적으로 만들어 주며, 개인의 일생에 대한 통제력을 높여 주기도 합니다. 일자리에서의 자율성과 참여도는 개인의 행복과 만족도에 긍정적인 영향을 미치며, 유비쿼터스 기술은 이러한 측면에서 일자리의 질을 향상시킵니다.

셋째, 유비쿼터스 기술의 발전으로 인해 우리는 더 많은 선택과 자유를 경험하게 되었습니다. 유비쿼터스 행복은 일자리와 관련하여 다음과 같은 특징을 갖습니다.

가. 다양성과 유연성: 유비쿼터스 행복은 일자리의 다양성과 유연성을 증진시킬 수 있습니다. 예를 들어, 원격 업무가 가능해진 덕분에 지리적 제약이 없어지고, 유연한 근무 형태가 가능해졌습니다. 따라서 우리는 일을 언제 어디서든 수행할 수 있으며, 자유로운 일정

조정이 가능합니다. 유비쿼터스 기술은 개인의 삶과 일의 균형을 맞추는 데 유리한 환경을 제공합니다.

나. 창의성과 혁신: 유비쿼터스 행복은 창의성과 혁신을 촉진시키는 역할을 합니다. 정보의 쉬운 접근성과 공유는 아이디어의 교류와 협업을 늘려 주었습니다. 이는 일자리에서 문제 해결과 창의적인 아이디어 개발에 도움이 되며, 개인의 업무 능력과 만족도를 향상시킵니다.

다. 생산성과 효율성: 유비쿼터스 행복은 일자리의 생산성과 효율성을 향상시킬 수 있습니다. 기술의 발전으로 인해 업무 프로세스가 자동화되고, 업무에 대한 데이터와 분석이 용이해졌습니다. 이는 일자리의 생산성을 높여 주고, 시간과 비용을 절감시켜 줍니다. 또한, 기술을 통한 실시간 의사소통과 협업은 업무의 효율성을 높여 주고, 일자리의 질을 향상시킵니다. 이는 개인이 일자리에서 성취감과 자부심을 느끼며 행복을 찾을 수 있는 기회를 제공합니다.

결론적으로, 유비쿼터스 기술의 발전으로 일자리의 다양성과 유연성, 창의성과 혁신, 생산성과 효율성이 향상되었으며, 개인들은 일과 삶을 조화롭게 조정하고 성취감과 행복을 찾을 수 있는 기회를 얻게 되었습니다. 유비쿼터스 기술의 발전은 일자리의 형태와 방식을 변화시켜 우리에게 더 많은 선택과 자유를 제공하고 있습니다. 따라서, 유비쿼터스 사회에서는 기술의 발전을 적극적으로 활용하여 일자리를 창출하고자 하는 노력과 동시에 기술 교육 및 접근성을 강화하는 것이 필요합니다. 또한 일자리의 질을 향상시키고 근로 환경을 개선하는 노력도 중요합니다. 이러한 노력은 개인의 경제적 안정과 사회적 만족감을 높이는 데에 기여할 것이며, 사회적 격차를 해소하는 데에도 크게 기여할 것입니다.

유비쿼터스 사회와 교육

현대 사회는 빠르게 진화하고 변화하는 디지털 기술의 발전으로 인해 유비쿼터스 사회라는 개념이 주목받고 있습니다. 유비쿼터스 사회란 언제 어디서나 어떤 장소에서든지 정보와 기술에 접근할 수 있는 환경을 의미합니다. 이는 사회의 모든 영역에 혁신과 변화를 가져왔으며, 교육 분야에도 큰 영향을 미치고 있습니다. 이러한 환경에서 교육도 더 이상 전통적인 방식으로만 이루어질 수 없습니다. 제22절에서는 유비쿼터스 사회와 교육의 변화의 필요성에 대해 논의하고자 합니다.

첫째, 접근성의 증대입니다. 유비쿼터스 사회에서는 언제 어디서든 정보와 기술에 쉽게 접근할 수 있습니다. 이러한 접근성을 교육에 활용한다면 학생들은 다양한 학습 경험을 얻을 수 있을 것입니다. 인터넷을 통해 온라인 강의를 듣거나, 전 세계의 다른 학생들과 협업을 통해 문제 해결 능력을 향상시킬 수 있습니다. 또한, 학습 자료에 대한 접근성이 높아지면 학생들은 자기 주도적인 학습을 할 수 있으며, 개인의 학습 스타일에 맞춘 맞춤형 교육이 가능해집니다.

둘째, 협업과 공유 학습입니다. 유비쿼터스 사회에서는 다양한 플랫폼과 도구들을 통해 협업과 공유가 용이해졌습니다. 교육에서는 학생들이 서로 토론하고 아이디어를 나누며, 협업을 통해 문제 해결 능력을 함께 발전시킬 수 있습니다. 또한, 학생들은 선생님과 다른 학생들과 지식을 공유하고 평가받을 수 있으며, 이를 통해 상호 피드백과 함께 성장할 수 있습니다. 이러한 협업과 공유의 경험은 현실 세계에서 요구되는 협력과 커뮤니케이션 능력을 배양하는 데 도움이 됩니다.

셋째, 창의적 문제 해결 능력의 향상입니다. 유비쿼터스 사회에서는 학생들이 다양한 정보와 자료에 노출되며, 창의적 문제 해결 능력을 향상시킬 수 있습니다. 학생들은 현실 세계에서 발생하는 복잡한 문제에 대해 다양한 해결책을 모색하고 실험할 수 있습니다. 또한, 가상 현실(VR)이나 증강 현실(AR)과 같은 기술을 활용하여 실제 상황을 모방하고 시뮬레이션 하는 것으로 학생들이 실제 경험을 하면서 문제 해결 능력을 향상시킬 수 있습니다.

넷째, 학습 환경의 변화입니다. 전통적인 교실에서 벗어나 학습자 중심의 개방적인 환경을 조성해야 합니다. 학습자들은 모바일 기기나 태블릿을 통해 학습 자료에 접근하고, 온라인 토론이나 협업을 통해 다른 학습자와 소통하며 협력할 수 있어야 합니다.

다섯째, 교사의 역할 변화입니다. 교사는 학습자의 가이드와 멘토 역할로서 필요성이 커집니다. 개별 학습자에게 맞춤형 지도를 제공하고, 학습 과정에서의 동기 부여와 피드백을 제공하는 등 학생 중심의 교육 방식을 추구해야 합니다.

여섯째, 학습 자료의 다양성입니다. 온라인 동영상, 시뮬레이션, 가상 현실 등 다양한 학습 자료를 활용하여 학습자들의 참여도와 이해도를 높여야 합니다. 이를 통해 학습자는 보다 흥미롭고 효과적인 학습 경험을 할 수 있습니다.

결론적으로, 유비쿼터스 사회의 도래로 교육은 기존의 한정된 교실 환경을 벗어나 더욱 다양하고 개인화된 학습 경험을 제공할 수 있게 되었습니다. 접근성 증대, 협업과 공유, 창의적 문제 해결 능력 향상을 위해서 유비쿼터스 사회에서는 교육의 변화는 필수적입니다. 이에 따라 교육 기관과 교사는 적극적으로 디지털 기술을 활용하는 혁신적인 교육 방법을 적용하여 학생들의 능력과 잠재력을 극대화할 수 있도록 노력해야 합니다. 유비쿼터스 사회에서의 교육의 변화는 우리가 지식과 기술 중심의 미래 사회에 발맞추어 성공적으로 대응하기 위한 필수적인 준비라고 할 수 있습니다.

따라서 경쟁력 강화, 차별화된 학습 경험 제공, 협력과 창의성 강화, 정보 폭발 시대에서의 필터링과 비평적 사고 능력 배양 등을 목표로 하는 교육으로의 변화를 통해, 우리는 유비쿼터스 사회와 교육의 변화에 적극적이고 주도적인 역할을 수행해야 합니다.

제23절

유비쿼터스 행복과 개인의 자아실현

현대 사회에서 우리는 디지털 기술의 급격한 발전으로 인해 언제 어디서나 인터넷에 연결되어 정보를 얻고 소통할 수 있으며, 다양한 디바이스와 기술을 활용하여 생활을 편리하게 만들 수 있습니다. 이러한 환경을 유비쿼터스라고 부르며, 이는 우리의 삶과 행복에 새로운 차원을 제공하고 있습니다. 이에 따라 우리는 유비쿼터스 행복이라는 새로운 개념을 경험하며 동시에 개인의 자아실현에 대한 필요성을 절실히 느끼고 있습니다. 제23절에서는 유비쿼터스 행복과 개인의 자아실현에 대해 논의하고자 합니다.

첫째, 유비쿼터스 시대의 행복은 이전과는 다른 형태로 변화하고 있습니다. 과거에는 행복이 물질적인 풍요나 사회적 지위에 달려 있었지만, 지금은 개인의 만족과 성취, 자기실현에 더 큰 중점을 두고 있습니다. 유비쿼터스 환경에서는 우리의 다양한 욕구와 성장을 위한 기회가 확장되고, 자아를 발전시킬 수 있는 많은 자원과 도구를 제공받을 수 있기 때문입니다.

둘째, 유비쿼터스 행복의 본질은 그것이 기술의 발전에 의해 가능해진 행복이 아니라, 우리의 내면에서 비롯되는 행복이라는 점을 기억해야 합니다. 디지털 기술은 단지 도구에 불과하며, 진정한 행복은 개인의 내면에서 찾아야 합니다. 개인의 내면은 자아의 표현이며, 자아실현의 기반이 됩니다.

셋째, 개인의 자아실현은 자신의 역량과 잠재력을 최대한 발휘하여 자유롭고 의미 있는 삶을 살아가는 것입니다. 이를 위해서 우리는 자아의 정체성을 파악하고, 자신의 가치와 열정에 충실해야 합니다. 유비쿼터스 환경에서는 다양한 정보와 영감을 접하고 소통할 수 있으며, 이를 통해 우리는 더욱 넓은 시각과 경험을 얻을 수 있습니다. 또한, 다양한 문화와 관점을 탐구하고 글로벌 커뮤니티에 참여함으로써 넓은 시야를 가질 수 있습니다. 이러한 경험을 통해 우리는 우리 자신을 이해하고, 우리가 원하는 삶을 추구할 수 있는 방향을 찾을 수 있습니다.

넷째, 개인의 자아실현은 사회와의 상호 작용을 통해 이루어집니다. 유비쿼터스 사회는 다양한 의견과 자아 표현의 플랫폼을 제공합니다. 이러한 다양성을 존중하고 타인과의 대화와 상호 작용을 통해 서로를 이해하고 배우는 기회를 가져야 합니다. 또한, 소통 도구로서의 기술을 적극 활용하여 갈등을 해결하고 긍정적인 인간관계를 유지하는 것이 중요합니다. 사회적 관계와 공동체 참여는 우리의 자아실현을 돕고, 협력과 협업을 통해 더 큰 가치를 창출할 수 있습니다.

다섯째, 유비쿼터스 행복과 개인의 자아실현을 위해서는 기술적인 발전만으로는 부족합니다. 우리는 개인의 내면과 사회적인 연결의 균형을 유지하고, 자기 관리와 시간 관리를 통해 지속적인 성장을 추구해야 합니다. 또한, 자기 성찰과 명상을 통해 내면의 평화와 안정을 찾는 것도 중요합니다.

여섯째, 유비쿼터스 기술의 발달은 동시에 개인의 자아실현에도 도전을 제시합니다. 끊임없이 정보와 자극에 노출되는 현대 사회에서는 자기 정체성을 찾는 것이 어려울 수 있습니다. 소셜 미디어의 등장으로 우리는 자신을 남들에게 어떻게 보여 줄지에 대한 압박을 느끼게 됩니다. 자신의 외모, 생활, 성공 등을 자랑하는 문화가 우리의 자아실현을 방해할 수도 있습니다. 이로 인해 우리는 자신과 비교하거나 타인의 평가에 집착하게 되는 경우도 있습니다.

결론적으로, 유비쿼터스 행복과 개인의 자아실현은 상호 보완적인 요소로서 함께 존재해야 합니다. 유비쿼터스 기술은 우리에게 편리함과 연결성을 제공하면서도, 우리가 진정으로 행복하고 만족할 수 있는 내적인 성장을 추구할 수 있는 기회를 주고 있습니다. 그러므로 우리는 기술의 발전을 적극적으로 수용하면서도, 우리 자신의 내면을 탐구하고 사회적인 관계를 발전시키며, 개인적인 가치와 목표를 실현할 수 있는 노력을 해야 합니다. 지속적인 자기 계발, 균형 잡힌 삶의 추구, 자기 표현의 다양성 존중은 유비쿼터스 행복을 실현하는 데 필요한 전략입니다. 사회적 압박에 휩쓸리지 않고, 자신의 관심사와 가치에 따라 자유롭게 선택하고 행동하는 능력을 갖추어야 합니다. 또한, 다양한 경험과 사람들과의 교류를 통해 우리 자신을 발전시키고 성장시킬 수 있어야 합니다. 이를 통해 우리는 유비쿼터스 시대의 도래에 대한 올바른 인식과 디지털 기술의 적절한 사용 방법을 갖추어, 우리 자신의 행복과 개인의 자아실현을 동시에 추구해야 합니다.

유비쿼터스 행복과 공동체 가치 추구

현대 사회는 과학 기술의 급격한 발전으로 인해 유비쿼터스 사회로 진화하였습니다. 유비쿼터스 사회는 정보와 통신 기술의 보편화로 인해 사람들이 언제 어디서나 연결되고 정보를 공유할 수 있는 사회입니다. 이러한 환경에서도 공동체 가치는 여전히 중요하며, 유비쿼터스 사회에서의 공동체 가치 추구는 사회의 발전과 안정을 위한 필수적인 요소로 작용합니다. 제24절에서는 유비쿼터스 사회에서의 공동체 가치 추구의 중요성과 그에 따른 새로운 가능성에 대해 논의하고자 합니다.

첫째, 상호 연결성의 강화입니다. 유비쿼터스 사회는 사람들을 지리적, 시간적 제약에서 해방시키고, 상호 연결성을 강화시키고 있습니다. 이를 통해 사람들은 다양한 공동체와 소통하고 협력할 수 있게 되며, 지식과 경험을 공유할 수 있습니다. 예를 들어, 온라인 포럼이나 소셜 미디어를 통해 관심사가 비슷한 사람들끼리 모여 소통하고 지식을 공유할 수 있습니다. 이러한 상호 연결성은 공동체 의식을 증진시키고 사회적 유대감을 형성하는 데 도움을 줍니다.

둘째, 상호 의존성의 증대입니다. 유비쿼터스 사회에서는 개인과 개인, 개인과 기술, 기술과 기술 간의 상호 의존성이 점차적으로 증가하고 있습니다. 이러한 상호 의존성을 인식하고 이해하는 것은 공동체 가치 추구의 첫 번째 단계입니다. 우리는 개인의 행동이 다른 사람들과 상호 작용하고 영향을 미친다는 사실을 이해해야 합니다. 유비쿼터스 사회에서의 공동체 가치 추구는 개인의 이익을 넘어서 다른 사람들과의 상호 작용을 고려하고 협력을 통해 서로의 복지를 증진시키는 것을 의미합니다.

셋째, 협력과 공유 경제입니다. 유비쿼터스 사회에서는 다양한 형태의 협력과 공유 경제가 활발해집니다. 예를 들어, 공동 작업 공간이나 공동 주거 공간이 늘어나면서 사람들은 자원을 공유하고 협력하여 새로운 가치를 창출합니다. 이러한 협력과 공유 경제는 사회적으로 지속 가능하고 인간 중심적인 가치를 추구하는 데 기여합니다. 또한, 유비쿼터스 기술을 통해 소비자와 생산자 간의 경계가 모호해지면서 개인과 공동체의 경계도 모호해지고, 이는 공동체 가치를 강화시키는 효과를 가져옵니다.

넷째, 디지털 공동체 형성입니다. 유비쿼터스 사회에서는 지리적 제약이 없어지고 디지털 공간에서의 상호 작용이 증가하였습니다. 이러한 디지털 공간은 공동체 형성과 연대감을 증진시키는 데에 큰 기회를 제공합니다. 인터넷을 통해 사람들은 흩어져 있는 위치에서도 관심사와 가치를 공유하는 그룹과 소통할 수 있습니다. 디지털 공동체에서는 서로를 지지하고 돕는 문화를 형성하여 공동체 의식을 고취시킬 수 있습니다.

다섯째, 다양성과 포용의 증진입니다. 유비쿼터스 사회에서는 다양한 문화와 가치관을 가진 사람들이 함께 살아가고 있습니다. 이러한 다양성을 인정하고 포용하는 공동체 가치 추구는 사회의 화합과 조화를 위해 중요합니다. 유비쿼터스 사회에서는 온라인 및 오프라인 환경에서의 다양한 사람들과의 상호 작용이 이루어지며, 이를 통해 서로의 다양성을 이해하고 존중하는 문화를 조성할 수 있습니다. 이러한 다양성은 창의성과 혁신을 촉진시키며, 공동체의 결속력을 강화하는 역할을 합니다. 공동체에서는 각 개인의 역량과 차별성을 인정하며, 모두가 안전하고 존중받는 환경에서 발전할 수 있습니다.

결론적으로, 유비쿼터스 사회에서의 공동체 가치 추구는 사회의 발전과 안정을 위한 필수적인 요소입니다. 상호 연결성의 증진, 상호 의존성의 인식, 협력과 공유 경제의 활성화, 디지털 공동체 형성, 다양성과 포용의 증진은 유비쿼터스 사회에서의 공동체 가치 추구를 위한 핵심적인 가치입니다. 이를 위해서는 기술의 발전과 함께 공동체의 가치를 중시하는 문화를 함께 발전시켜야 합니다. 이러한 가치를 실천함으로써 우리는 유비쿼터스 사회에서도 상호 협력과 배려를 바탕으로 한 공동체 의식을 구축할 수 있고, 이를 통해 더욱 발전된 사회를 형성할 수 있을 것입니다. 따라서 우리는 개인의 이익을 넘어서 다른 사람들과의 상호 작용을 고려하고, 디지털 공간에서의 소통과 협력을 증진시키며, 다양성을 인정하고 포용하는 공동체 가치를 높이 존중하고 실천하는 데 함께 노력해야 합니다.

유비쿼터스 행복과 윤리적 고려 사항

현대 사회에서 우리는 기술의 발전과 디지털화로 인해 유비쿼터스 환경에서 생활하고 있습니다. 우리는 언제 어디서나 인터넷에 접속할 수 있고, 스마트폰이나 스마트 가전 제품을 통해 다양한 서비스와 정보에 접할 수 있습니다. 이러한 환경은 우리에게 편리함과 혜택을 제공하지만, 동시에 윤리적인 고려가 필요한 문제들을 야기하고 있습니다. 특히, 유비쿼터스한 행복을 추구할 때는 개인과 사회적인 측면에서 고려해야 할 윤리적인 요소들이 존재합니다. 제25절에서는 유비쿼터스 행복을 실현하기 위해 고려해야 할 윤리적인 고려 사항에 대해 논의하고자 합니다.

첫째, 개인의 자유와 프라이버시를 보호하는 것이 중요합니다. 유비쿼터스한 환경에서는 우리의 생활과 행동이 지속적으로 기록되고 모니터링 됩니다. 디지털 기술의 발전으로 인해 우리는 언제 어디서나 연결되어 있고, 우리의 행동과 생각은 인터넷을 통해 다른 사람들과 공유

될 수 있습니다. 또한, 기술적인 발전은 우리의 개인 정보가 불법적으로 악용되거나 해킹의 위험에 노출될 수 있는 가능성을 야기합니다. 따라서 우리는 기술을 적극 활용하면서도 개인 정보의 보호와 프라이버시를 지키기 위한 노력이 필요합니다. 개인의 자유와 프라이버시를 침해하지 않으면서도 기술의 혜택을 누리기 위해서는 기술 개발자와 사용자 간의 상호 작용, 법적 규제, 윤리적인 원칙들이 잘 조화를 이루어야 합니다. 또한, 기업과 정부는 투명하고 안전한 개인 정보 보호 방침을 시행하고, 개인 정보 보호 규제를 강화함으로써 개인의 프라이버시를 존중해야 합니다.

둘째, 기술의 공정성과 인간 중심성을 고려해야 합니다. 유비쿼터스한 환경은 기술에 의존하게 되어 있습니다. 그러나 기술은 사람들을 위해 존재해야 하며, 사회적 가치와 인간 중심적인 목표를 추구해야 합니다. 따라서 기술의 개발과 적용 과정에서는 다양한 사회적 이해 관계자들의 참여와 의견을 수렴하는 것이 필요합니다. 또한, 인공 지능과 자동화 기술 등의 발전은 일자리와 경제적 불평등에 영향을 미칠 수 있기 때문에, 이러한 부분에 대한 공정성과 사회적 책임을 고려해야 합니다.

셋째, 디지털 격차와 사회적 공정성을 고려해야 합니다. 유비쿼터스한 기술은 일부 사람들에게는 큰 혜택을 주지만, 다른 사람들에게는 디지털 격차를 야기할 수 있습니다. 인터넷 접속의 부족, 디지털 기기의 부재 또는 활용에 대한 부족은 사회적 공정성과 균등한 기회에 영향을 미칠 수 있습니다. 이러한 문제를 해결하기 위해서는 기술 중립성과 사회적 평등을 강조해야 합니다. 따라서 공공 서비스와 교육 기관은 디지털 기술에 대한 접근성을 보장하고, 모든 사람들이 기술을 활용할 수 있는 기회를 가질 수 있도록 접근성을 확보하고, 디지털 교육 및 인프라 구축에 투자함으로써, 디지털 격차를 줄이기 위한 노력을 계속해야 합니다.

넷째, 유비쿼터스 환경의 지속 가능성을 고려해야 합니다. 기술의 발전과 사용은 환경에도 영향을 미칩니다. 전력 소비, 자원 소모, 폐기물 처리 등은 유비쿼터스 사회의 지속 가능성에 영향을 미치는 요소입니다. 따라서 우리는 기술의 개발과 사용에서 환경 친화적인 방향을 모색하고, 에너지 효율성, 재활용, 친환경적인 소재 등을 고려해야 합니다. 또한, 기술의 사용이 사회적인 이슈와 상충하는 경우, 윤리적인 판단과 균형을 이루어야 합니다.

다섯째, 유비쿼터스 행복의 추구는 사회의 가치와 윤리적인 원칙에 따라 이루어져야 합니다. 기술은 단순히 도구일 뿐이며, 그것이 어떻게 사용되느냐에 따라 결과가 달라집니다. 따라서 우리는 유비쿼터스 환경을 조성할 때, 공공의 이익과 사회적 가치를 최우선으로 고려해야 합니다. 이는 정부, 기업, 개인의 책임과 역할을 요구합니다.

결론적으로, 유비쿼터스 행복을 추구하기 위해서는 윤리적인 고려가 필요합니다. 개인의 자유와 프라이버시, 기술의 공정성과 인간 중심성, 디지털 격차와 사회적 공정성, 환경의 지속 가능성, 사회적 가치와 윤리적인 원칙 등은 유비쿼터스 행복의 핵심적인 윤리적 고려 사항입니다. 우리는 이러한 윤리적 고려 사항을 인지하고, 기술의 발전과 행복의 추구를 조화롭게 이루어 내는 방법을 모색하고, 유비쿼터스 시대의 새로운 윤리적 기준을 마련하는 데에도 노력해야 합니다. 이를 통해 우리는 보다 지속 가능하고 윤리적이고 공정한 유비쿼터스 행복을 실현하는 데 한 발짝 더 가까워질 수 있을 것입니다.

유비쿼터스 행복을 위한 행복한 동행

현대 사회에서 우리는 세대 간 다양성을 경험하고 있습니다. 다양한 세대가 공존하면서 각기 다른 가치관, 생각, 문화, 기술적 요구에 대해 다른 반응을 보입니다. 베이비붐 세대부터 Z세대, TikTok세대까지 각기 다른 가치관과 생활 양식을 가지고 있지만, 이러한 다양성을 상호 존중하는 사회는 더욱 풍요롭고 행복한 사회로 발전할 수 있습니다. 또한, 이러한 세대 간의 다양성은 상호 존중의 필요성을 더욱 중요하게 만들고 있습니다. 제26절에서는 우리가 유비쿼터스 행복을 실현하기 위해 세대 간의 연결과 이해를 적극적으로 추구해야 할 필요성에 대해 논의하고자 합니다.

첫째, 세대 간 다양성의 상호 존중이 왜 중요한지 논의해 보겠습니다. 세대 간에는 경제적, 문화적, 기술적 차이가 있습니다. 각 세대는 과거의 경험과 가치관을 바탕으로 세상을 바라보고 행동합니다. 예전의 가치관과 현대의 가치관은 다를 수 있으며, 이는 갈등의 원인이 될 수도 있습니다. 그러나 우리는 이러한 다양성을 인정하고 상호 존중하는 마음가짐을 가져야 합니다. 다양한 세대 간의 의견과 관점을 존중하고 이를 조화롭게 조합함으로써 새로운 아이디어와 혁신을 도모할 수 있습니다. 또한, 상호 존중은 세대 간의 갈등을 예방하고 상호 간의 이해를 높일 수 있습니다. 이를 통해 세대 간의 소통과 협력이 원활하게 이루어질 수 있으며, 이는 우리 사회의 발전과 번영에 도움이 될 것입니다.

둘째, 세대 간 다양성을 상호 존중하는 것은 우리 사회의 건강한 발전을 위해 중요합니다. 다양성은 세계를 풍요롭게 만들어 주고 창의성과 혁신을 부양합니다. 다른 세대들은 과거의 경험과 지식을 가지고 있으며, 이를 바탕으로 현재와 미래를 이끌어 나갈 수 있습니다. 우리는 그들의 경험과 통찰력을 존중하고 듣는 것을 통해 상호 간의 이해와 협력을 도모할 수 있습니다. 세대 간의 대화와 경험 공유는 서로에게 풍요로움을 제공하며, 더 나아가 사회의 창조적인 문화를 형성하게 될 것입니다.

셋째, 세대 간 다양성을 상호 존중하는 것은 사회적 융합을 촉진합니다. 다른 세대의 가치관과 생활 양식을 이해하고 존중함으로써 서로 간의 갈등과 분단을 예방할 수 있습니다. 예를 들어, 노년층은 경험과 지혜를 가지고 있어 중요한 조언과 가치를 전달할 수 있습니다. 한편으로는 젊은 세대는 혁신과 창의성을 통해 사회를 발전시킬 수 있습니다. 이처럼 서로 다른 세대가 함께 일하는 경우, 다양한 아이디어와 경험을 공유하며 상호 보완적인 협력이 가능해지고, 그 결과로 사회적 융합과 발전을 이룰 수 있습니다.

넷째, 세대 간 다양성의 상호 존중과 유비쿼터스 행복은 우리 사회의 지속적인 발전과 번영을 위해 필요한 가치입니다. 우리는 서로 다른 시대와 세대를 존중하고 협력함으로써 더 나은 미래를 창조할 수 있습니다. 세대 간의 소통과 이해는 더욱 중요해지며, 유비쿼터스 행복은 개인과 사회의 균형과 만족을 이루어 줍니다. 우리는 지금부터 시작하여 세대 간의 상호 존중과 협력을 증진시키고, 유비쿼터스 행복을 실현하기 위해 함께 노력해야 합니다. 이를 통해 우리는 더 풍요로운 사회와 행복한 세상을 만들어 갈 수 있을 것입니다.

다섯째, 유비쿼터스 행복을 위해서는 세대 간의 연결과 이해가 필요합니다. 유비쿼터스 행복은 모든 사람들이 양질의 삶과 행복을 경험할 수 있는 상태를 말합니다. 그러나 세대 간의 갈등과 이해 부족은 이러한 행복을 방해하는 요소입니다. 우리는 과거 세대의 가치관과 현재 세대의 요구 사항을 이해하고 인정함으로써 서로를 이해하고 연결할 수 있습니다. 예를 들어, 어르신들은 현대 기술에 대한 이해와 접근성이 부족할 수 있습니다. 우리는 이러한 문제를 해결하기 위해 디지털 리터러시 교육과 같은 제도적인 노력을 통해 세대 간의 격차를 좁히고, 모든 세대가 디지털 혁신의 혜택을 누릴 수 있는 환경을 조성해야 합니다.

결론적으로, 세대 간 다양성의 상호 존중과 유비쿼터스 행복은 우리 사회의 지속적인 번영과 발전을 위해 필요한 가치입니다. 우리는 서로를 존중하고 이해함으로써 다양한 세대들이 함께 협력하고 성장할 수 있는 사회를 만들어 나가야 합니다. 이러한 세대 간의 상호 존중과 유비쿼터스 행복을 실현하기 위해 우리는 개인적인 책임과 사회적인 노력이 필요합니다. 우리는 다른 세대를 이해하고 존중하는 데 노력해야 합니다. 이를 위해 세대 간의 대화와 경험 공유의 기회를 만들어야 합니다. 또한, 정부와 사회 단체는 세대 간의 격차를 해소하기 위한 정책과 프로그램을 개발하고, 디지털 기술을 보다 폭넓게 활용할 수 있는 환경을 조성해야 합니다. 이러한 노력은 세대 간의 이해와 협력을 촉진하며, 유비쿼터스 행복을 실현하는 데 큰 역할을 할 것입니다. 그리고 이러한 노력을 통해 모든 세대가 함께 협력하고 배려하는 사회를 구현함으로써, 모든 세대가 번영하고 풍요로운 삶을 살아갈 수 있는 세상을 만들어 나갈 수 있을 것입니다. 궁극적으로 모든 사람들이 양질의 삶과 행복을 누릴 수 있는 유비쿼터스 행복의 시대를 실현할 수 있을 것입니다.

부록

Ubiquitous Happiness

부록 1

디지털 스트레스를 감소시키는 5대 원칙

1. **디지털 디톡스(Digital Detox):** 디지털 스트레스를 감소시키는 가장 효과적인 방법은 일시적으로 디지털 기기와 온라인 활동에서 멀어지는 것입니다. 일정 시간 동안 스마트폰, 컴퓨터, 소셜 미디어 등과의 거리를 두고 실제 세계에서 즐길 수 있는 다른 활동에 집중하는 것이 좋습니다.

2. **스크린 시간 제한:** 스크린 시간을 제한하는 것은 디지털 스트레스를 감소시키는 데 도움이 됩니다. 많은 시간 동안 스크린에 노출되면 눈의 피로, 인지 과부하 및 사회적 연결 부족과 같은 문제가 발생할 수 있습니다. 스크린 시간을 제한하여 더 많은 휴식 시간을 가지고, 오프라인 활동이나 운동, 사회적인 상호 작용 등 다른 활동을 즐기는 것이 좋습니다.

3. 디지털 환경 정리: 디지털 환경을 체계적으로 정리하고 정돈하는 것이 스트레스 감소에 도움이 됩니다. 불필요한 앱이나 파일을 삭제하고, 꼭 필요한 도구만을 유지하고, 목표에 맞는 설정을 변경하여 디지털 환경을 관리하는 것이 중요합니다. 또한, 중요한 파일이나 문서를 백업하여 데이터 손실로 인한 스트레스를 줄일 수 있습니다.

4. 디지털 균형 유지: 디지털 세계와 현실 세계 사이에서 균형을 유지하는 것이 중요합니다. 너무 많은 시간을 온라인 활동에 할애하거나 디지털 기기에 지나치게 의존하는 것은 스트레스를 증가시킬 수 있습니다. 정기적인 휴식 시간을 가지고 오프라인 활동과 대면 소통을 즐기는 것이 필요합니다. 특히 일상생활의 다른 측면과 균형을 이루기 위해 체계적인 스케줄링과 휴식을 적절히 포함하는 것이 좋습니다.

5. 스트레스 관리 기술 습득: 스트레스 관리 기술을 익히는 것은 디지털 스트레스를 줄이는 데 큰 도움이 됩니다. 명상, 요가, 호흡 운동 및 신체 활동과 같은 방법을 사용하여 스트레스를 관리하고 심리적 안정을 유지하는 것이 좋습니다. 이러한 방법은 디지털 스트레스를 완화시키고 긍정적인 마인드셋을 갖도록 돕습니다.

에필로그

이 책에서는 '유비쿼터스 행복'을 주제로 여러 가지 관점에서 유비쿼터스 시대의 행복에 대해 탐구하고자 했습니다. 우리는 기술의 발전으로 인해 편리함과 풍요로움을 누리지만 동시에 그로 인해 생기는 문제들에도 직면하고 있습니다. 인간의 존재 이유와 가치, 사회적 관계의 변화, 개인 정보 보호 등 다양한 주제를 다루며 유비쿼터스 시대에서의 행복을 재조명하고자 하였습니다.

유비쿼터스 사회에서 행복을 추구하는 첫 번째 단계는 기술 사용에 대한 올바른 태도를 가지는 것이라고 역설하였습니다. 기술은 우리의 삶을 더욱 편리하게 만들어 주지만, 우리는 그것이 우리의 주인이 아니라 우리의 도구임을 명심해야 합니다. 우리는 기술을 적극적으로 활용하면서도 그에 의존하지 않는 자립적인 삶을 살아가야 합니다. 우리가 기술에 지나치게 의존하게 되면, 우리의 능력과 자율성이 약화될 수도 있습니다.

두 번째로, 우리는 자신의 가치와 목표를 잘 이해해야 합니다. 유비쿼터스 사회에서는 다양한 정보와 자극이 우리를 둘러싸고 있습니다. 하지만 그 속에서 우리 자신을 잃지 않고, 우리가 진정으로 중요하게 여기는 가치와 목표를 꿰뚫어야 합니다. 자기 인식과 자기 계발에 주의를 기울여야 합니다. 자신의 역량을 개발하고, 자신이 원하는 삶을 설계하며, 그에 따라 행동하는 것이 필요하다고 역설하였습니다.

세 번째로, 유비쿼터스 사회에서는 적절한 균형을 유지해야 합니다. 우리는 기술의 편리함과 연결성을 즐길 수 있으면서도, 일상에서 오프라인으로의 휴식과 대면 소통을 즐길 시간과 공간을 만들어야 합니다. 사람들과 실제로 대면하는 경험, 자연과의 접촉, 책과의 독서 등을 통해 우리의 삶에 균형을 가져야 한다고 역설하였습니다.

이러한 원칙들을 지켜 가면, 우리는 유비쿼터스 사회에서 진정한 행복을 찾을 수 있습니다. 기술의 발전은 우리에게 많은 혜택을 제공하지만, 그것이 우리의 삶의 질과 행복에 직접적인 영향을 미치는 것은 우리 자신입니다. 우리는 유비쿼터스 사회의 도래를 긍정적으로 받아들이고, 기술과의 관계를 지혜롭게 조절하며, 우리의 가치와 목표에 따라 행동하여 풍요로운 삶과 지속적인 행복을 찾아갈 수 있을 것입니다.

이 책을 마치며, 유비쿼터스 사회의 도래가 우리에게 더 많은 행복의 기회와 가능성을 제공할 것임을 기대합니다. 우리가 기술과 협력하며, 올바른 방향으로 나아가면서도, 우리의 행복과 자존감을 중요시하는 삶을 살아갈 수 있을 것입니다. 《유비쿼터스 행복론》이 이러한 비전을 향해 우리를 안내하고 영감을 주는 동반자가 되어 주었기를 바랍니다. 감사합니다.

유비쿼터스 행복론

초판 1쇄 발행 2023년 9월 13일

지은이 이정완
펴낸이 이기봉
편집 좋은땅 편집팀
펴낸곳 도서출판 좋은땅
주소 서울특별시 마포구 양화로12길 26 지월드빌딩 (서교동 395-7)
전화 02)374-8616~7
팩스 02)374-8614
이메일 gworldbook@naver.com
홈페이지 www.g-world.co.kr

ISBN 979-11-388-2287-9 (03190)